Die Fürsts – Geschichte einer deutsch-jüdischen Familie

Schriftenreihe der Gedenkstätte Ahlem
Sonderedition
Band 6

Herausgegeben von
Stefanie Burmeister

Im Auftrag der
Region Hannover
Zentrale Steuerung
Gedenkstätte Ahlem

Die Fürsts – Geschichte einer deutsch-jüdischen Familie

Renate Riebe

2017
Wehrhahn Verlag

Bibliografische Informationen der Deutschen Nationalbibliothek
Die Deutsche Nationalbibliothek verzeichnet diese Publikation in der
Deutschen Nationalbibliografie; detaillierte bibliografische Daten sind
im Internet über http://dnb.ddb.de abrufbar

1. Auflage, Hannover 2017

Herausgeber: Region Hannover

ISBN 978-3-86525-806-9

Inhalt

Zum Geleit 9

Vorwort und Dank 11

Familie Fürst in Frankenberg/Eder 15

Die Geschwister Fürst und ihre Familien 19

Hermann und Hedwig Fürst in Hildesheim 20

    Der »Bazar Hermann Fürst« in Alfeld 23

Isidor und Christine Fürst in Mönchengladbach 37

Salli Fürst in den USA 44

Benjamin und Johanna Keijzer in Menden 47

Julius und Clothilde Rosenbaum in Hameln 52

Berthold und Louise Fürst in Wiesbaden 58

Die Brüder Fürst im Ersten Weltkrieg 62

Max und Else Fürst in Hannover 70

    Heinz Fürst 74

    Helmut Fürst 77

    Familie Salli und Frida Stern 78

Deportation nach Lettland 85

Rückkehr durch zerstörte Landschaften 93

    Karte »Stationen der Rückkehr« 96

Helmut Fürst – Zurück in Hannover 99

    Die Emigranten kehren zurück 100

Rückerstattung 104

Helmut und Annemarie Fürst 108

    Die Familien Nelke und Klimt 108

Michael und Werner Fürst 114

Anhang 124

Helmut Fürst – Ansprache im Niedersächsischen Landtag am 12. November 2008 124

Anmerkungen 127

Abbildungsnachweis 137

Quellen und Literatur 141

Impressum 148

Familienstammbaum . . . . Umschlagtasche

Zum Geleit

Zum Geleit

Die Familiengeschichte der Fürsts ist wie kaum eine andere Geschichte eng verbunden mit der Geschichte der hannoverschen Juden. Max und Else werden zusammen mit ihrem Sohn Helmut am 15. Dezember 1941 über das Gelände der Gartenbauschule Ahlem nach Riga deportiert. Helmut gehört zu den wenigen Menschen des ersten Deportationstransportes ab Ahlem, die den Holocaust überleben und nach dem Krieg nach Hannover zurückkehren. Was für viele seiner Glaubensgenossen unvorstellbar gewesen wäre, nämlich wieder im Land der Täter, die ihm und seiner Familie die Heimat, die Identität und das Leben nehmen wollten, zu leben, ist für Helmut Fürst eine Verpflichtung. Er wollte sich beteiligen am Wiederaufbau der jüdischen Gemeinde und dafür sorgen, dass jüdisches Leben in einer neuen, demokratischen Grundordnung seinen Platz findet und fest verankert sein wird.

Diese Ziele hat er zweifelsfrei erreicht. Er hat mit der Gründung seiner Familie und seinem Engagement in und für die jüdische Gemeinde deutlich gemacht, dass jüdisches Leben die Schreckensherrschaft des Nationalsozialismus in Deutschland überdauert hat und das Judentum ein fester Bestandteil der deutschen Gesellschaft ist. Auch seine Söhne Werner und Michael sind durch ihr lebenslanges Engagement Botschafter des modernen, hannoverschen Judentums und haben aus ihrer Religionszugehörigkeit trotz des nach wie vor existenten Antisemitismus in Deutschland nie einen Hehl gemacht.

Die Region Hannover möchte mit dieser Publikation im Rahmen der Schriftenreihe der Gedenkstätte Ahlem zum einen eine bedeutende und beispielhafte Familiengeschichte dokumentiert und gesichert wissen und zum anderen eine Familie würdigen, die die Geschichte der Juden in der Region Hannover beeinflusst, geprägt und gelenkt hat. Ohne mehrere Generationen der Familie Fürst hätte sich das jüdische Leben in Hannover in dieser Form nicht wieder entwickeln können und wäre somit nicht das, was es heute ist. Mit der vorliegenden Familienbiografie nehmen wir auch die Verantwortung wahr, die Helmut Fürst vor den politischen Vertreterinnen und Vertretern in seiner Ansprache am 12. November 2008 im niedersächsischen Landtag formuliert hat: rechten Strömungen in unserer Gesellschaft und in unseren Parlamenten entgegenzutreten und den nachfolgenden Generationen, unabhängig von ihrer Religionszugehörigkeit, eine friedvolle Zukunft in unserem Land zu garantieren.

Mein Dank gilt der Autorin Renate Riebe, die sich verantwortungsvoll und intensiv mit den Biografien der Fürsts beschäftigt hat und eine Familiengeschichte vorgelegt hat, die die unterschiedlichen Schicksale einer deutschen jüdischen Familie eindrucksvoll darstellt, und Werner und Michael Fürst, die selbstlos und ohne zu zögern private Fotos und Dokumente zur Verfügung gestellt haben, um diese Familiengeschichte zu einer ganz besonderen Publikation zu machen.

Hauke Jagau
Regionspräsident

Vorwort

Vorwort und Dank

Hermann, Isidor, Salli, Johanna, Max, Clothilde und Berthold Fürst... sieben Geschwister mit ihren unterschiedlichen Lebenswegen, in denen sich ein ganzes Jahrhundert widerspiegelt. Sie wuchsen in einer jüdischen Familie im hessischen Frankenberg auf. Ihre Eltern Falk und Florentine legten Wert auf die »deutschen Tugenden« wie Fleiß, Ordnung, Pünktlichkeit, »Liebe zum Vaterland« war eine selbstverständliche Pflicht, ebenso wie das Engagement für die jüdische Gemeinde. Ihr beruflicher und gesellschaftlicher Aufstieg fand ein jähes Ende durch Ausgrenzung, Verfolgung, Emigration und Vernichtung während der NS-Zeit.

Im Mittelpunkt der Biografie steht die Familie des Kaufmanns Max Fürst und seiner Frau Else. In Hannover bauen sie sich eine Existenz auf, die durch die Nazis zerstört wird. Mit ihrem Sohn Helmut werden sie Ende 1941 in das Ghetto Riga deportiert. Nur Helmut überlebt. Er kehrt in seine Heimatstadt Hannover zurück – und bleibt. Er gründet eine Familie, fasst beruflich Fuß und setzt sich für den Aufbau einer neuen jüdischen Gemeinde ein.

Erst sehr spät – im Alter von über 70 Jahren – war er bereit, über seine Erlebnisse während der NS-Zeit, über die Deportation und den Tod seiner Eltern in Riga zu sprechen und seine Erinnerungen an die nachfolgenden Generationen weiterzugeben.

Sein Sohn Michael besitzt ein Fotoalbum, das ihm ein Cousin seines Vaters überlassen hat. Siegfried Fürst, 1903 als Sohn von Hermann und Hedwig Fürst in Hildesheim geboren, war bereits 1924 in die USA ausgewandert. In dem Album hat er versucht, die Lebenswege der sieben Geschwister Fürst und ihrer Nachkommen, die inzwischen in aller Welt verstreut lebten, festzuhalten.

Viele Fotos sind untertitelt – in einem etwas altmodischen Deutsch oder auf Englisch. Neben typischen Familienbildern, die überwiegen, gibt es auch Seiten, die Fragen aufwerfen. So ist Freds Vater Hermann, Kaufmann in Hildesheim, auf zwei nebeneinander platzierten Fotos zu sehen: Das eine zeigt ihn mit einem stattlichen Schnurrbart und darunter steht: »bevor Buchenwald«, das andere zeigt ihn ohne Bart mit der Unterschrift »nach Buchenwald«. Hermann war im Zuge der Pogromnacht 1938 verhaftet und für mehrere Wochen im KZ Buchenwald inhaftiert worden.

Auf einem anderen Foto stehen SA-Männer vor dem Geschäft von Hermann Fürst in Hildesheim mit einem Schild »Fluch dem, der in diesem Judentempel kauft!«, darunter die Unterschrift: »April 1st – 1933«. Das zweite Foto auf der Albumseite zeigt das durch Bomben völlig zerstörte Haus: »Das war der ›Riesen Bazar‹«.

Den Geschwistern Hermann, Clothilde und Berthold und ihren Familien gelang die Flucht in die USA. Sie retteten ihr Leben, aber für sie alle war es schmerzvoll, Verwandte – zumeist alte Menschen – zurücklassen zu müssen. Die Emigration bedeutete für alle einen sozialen Abstieg; in den ersten Jahren konnten sie ihren Lebensunterhalt oftmals nur mit Mühe sicherstellen. Eine große und wichtige Hilfe war der enge Familienzusammenhalt, der eher stärker als schwächer wurde.

TIERGARTEN
HANNOVER
SEPT. 4-1927
HELMUT - TANTE ELSE - ONKEL MAX

Johanna Fürst, verheiratete Keijzer, und ihr Ehemann Benjamin konnten nicht mehr rechtzeitig emigrieren; sie wurden 1944 in Auschwitz ermordet. Ihr Bruder Isidor – geschützt durch seine nichtjüdische Ehefrau – wurde im September 1944 in ein Arbeitslager überstellt; er kehrte zurück.

Das Fotoalbum und mehrere Interviews mit Helmut Fürst liefern das Gerüst für die Familienbiografie. Informationen aus Archiven, aus Sekundärliteratur und dem Internet ergänzen die Geschichte.

Bedanken möchte ich mich bei der Region Hannover, insbesondere bei Stefanie Burmeister, der Leiterin der Gedenkstätte Ahlem, und ihren Mitarbeiterinnen und Mitarbeitern für die Unterstützung. Ein besonderer Dank geht dabei an Dr. Marlis Buchholz, die meine Arbeit von Anfang an mit großem Interesse und fachlicher Kompetenz unterstützt hat, sowie an Antonia Gerstmann vom Team Medienservice der Region Hannover für die grafische Gestaltung.

Dank schulde ich auch allen Mitarbeiterinnen und Mitarbeitern der von mir angefragten Archive, Gedenkstätten und den Historikern und Historikerinnen., die mich freundlich unterstützt haben, insbesondere Sven Abromeit, Frank Ehrhardt, Prof. Claus Füllberg-Stolberg, Bernhard Gelderblom, Dr. Horst Hecker und Dr. Hans-Dieter Schmid.

Mein größter Dank geht aber an Michael und Werner Fürst für ihr Vertrauen und ihre Bereitschaft mir uneingeschränkt alle Informationen, Fotografien und Dokumente ihrer Familie zur Verfügung zu stellen.

Renate Riebe

APRIL 1st – 1933

Das war der "RIESEN BAZAR"

Familie Fürst
in Frankenberg/Eder

Familie Fürst in Frankenberg/Eder

Familie Fürst stammt aus Frankenberg in Hessen, gut 30 Kilometer nördlich von Marburg. Seit dem späten Mittelalter lebten Juden in der Stadt.[1] 1818 hatte Frankenberg 2803 Einwohner, unter ihnen 48 Juden.

Falk Fürst wurde im April 1837 als zweitältester Sohn des gelernten Sattlermeisters und späteren Händlers Herz Fürst und seiner Ehefrau Gidel Oppenheimer geboren. Herz Fürst war viele Jahre für die jüdische Gemeinde als Gemeinderechner und Gemeindeältester tätig, später als Kreisvorsteher der israelitischen Gemeinden im Kreis Frankenberg.

Mit seinen acht Geschwistern wuchs Falk Fürst in einem traditionellen jüdischen Haushalt auf. Seinem Vater gehörte das Wohnhaus der Familie am Obermarkt Nr. 4 und weiterer Grundbesitz in Frankenberg.

◀ Falk und Florentine Fürst | um 1913

▲ Frankenberger Zeitung | 2. Januar 1874

▲ Frankenberger Bote | 1. Dezember 1874

▲ Wohnhaus der Familie Fürst Am Obermarkt 4 in Frankenberg | undatiert

Am 4. Februar 1873 heiratete er Florentine Lichtenstein, geboren 1848 in Butzbach. Falk Fürst handelte zunächst mit Früchten, Leder und Lumpen, ab 1887 meldete er sein Geschäft als Bäckerei an.

Falk und Florentine Fürst lebten mit ihren Kindern im Haus am Obermarkt Nr. 4, dem Elternhaus von Falk Fürst. Sie hatten zwei Töchter und sieben Söhne. Zwei der Söhne – Heinemann und Hugo – starben in jungen Jahren.

Nachdem die Kinder aus dem elterlichen Haushalt ausgezogen waren, verkaufte Falk Fürst im April 1909 seinen gesamten Frankenberger Grundbesitz, darunter auch das Haus am Obermarkt. Das Ehepaar Fürst zog zur ältesten Tochter Johanna und deren Ehemann Benjamin Keijzer (Kaiser) zunächst nach Blomberg nahe Detmold und 1914 nach Menden im Sauerland.[2] Dort starb Falk Fürst am 30. September 1918 im Alter von 81 Jahren, seine Frau Florentine folgte ihm am 13. August 1924.

Menden (Kr. Iserl.), den 1. 10. 1918.

Gestern Abend entschlief sanft nach einem schweren Schlaganfall mein innigst geliebter Mann, unser lieber Vater, Schwiegervater und Großvater, Bruder, Schwager und Onkel

Falk Fürst

im 82. Lebensjahre.

In tiefer Trauer

Frau J. Fürst u. Kinder.

◀ Frankenberger Zeitung | 5. Oktober 1918

◀ Frankenberger Zeitung | 16. August 1924

In Menden, Westf., starb am 13. 8. plötzlich

Frau Florentine Fürst,

geb. Lichtenstein,

im 76. Lebensjahr.

In tiefer Trauer:

Geschw. Fürst.

Hildesheim, Menden, Hannover, M.-Gladbach, New-York.

Die Geschwister Fürst und ihre Familien

Die Geschwister Fürst und ihre Familien

Falk und Florentine Fürst bekamen neun Kinder, von denen zwei früh starben – der älteste Sohn Heinemann eine Woche nach seiner Geburt 1873 und das sechste Kind Hugo, geboren 1886, mit vier Jahren.

Die Geschwister Hermann, Isidor, Salli, Johanna, Max, Clothilde und Berthold besuchten die israelitische Volksschule in Frankenberg.

Falk Fürst legte großen Wert auf die Ausbildung aller seiner Kinder. Nach dem Schulbesuch gingen Hermann, Max und Berthold als Volontäre in andere Städte und lernten in verschiedenen Kaufhäusern den Beruf des Kaufmanns. Salli wurde Bäcker und wanderte frühzeitig in die USA aus. Der einzige Akademiker der Familie war Isidor Fürst, der sein Abitur in Marburg ablegte und Jura studierte. Falk Fürst sorgte dafür, dass auch seine Töchter Johanna und Clothilde vor ihrer Heirat als Verkäuferinnen ausgebildet wurden.

▾ Isidor, Hermann, Salli und Johanna | Mitte der 1880er-Jahre

◂ Hermann und Max (hinten), Isidor und Salli (vorn) | vor 1905

Hermann und Hedwig Fürst in Hildesheim

▲ Hedwig und Hermann Fürst | undatiert

Hermann Fürst wurde am 5. Dezember 1874 in Frankenberg geboren. Sein älterer Bruder Heinemann war wenige Tage nach der Geburt gestorben, so dass Hermann der älteste von acht Geschwistern war; ein weiterer Bruder – Hugo – starb im Alter von vier Jahren.

Nach achtjährigem Schulbesuch begann Hermann Fürst in Zweibrücken eine kaufmännische Lehre. Im Anschluss daran war er bei verschiedenen Firmen als »Reisender« tätig[1], bis er eine zweijährige militärische Ausbildung zum Unteroffizier absolvierte, die im Oktober 1896 endete.[2] Im Oktober 1899 zog er von Zweibrücken nach Hildesheim und eröffnete den »Riesen-Bazar Hermann Fürst«, ein »Detailgeschäft« mit Haushaltswaren, Küchengeräten und Spielwaren.

Am 17. Mai 1900 heiratete Hermann Fürst die zwei Jahre ältere Hedwig Seelmann, die aus Borbeck/Essen stammte und als Verkäuferin bei ihrem Onkel in Mannheim gearbeitet hatte. Das Ehepaar bekam zwei Söhne: Herbert geboren am 16. März 1901 und Siegfried, geboren am 10. September 1903 in Hildesheim.[3]

▾ Hedwig Seelmann | um 1895   ▾ Hermann Fürst | um 1910

▼ Das Eckgeschäft
»Riesen-Bazar Hermann Fürst«,
Kurzer Hagen 12a | undatiert

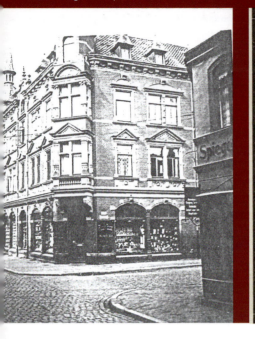

▲ Ausschnitt aus einem Prospekt des »Riesen-Bazar Fürst« |
1920er-Jahre

◄ Werbeannonce im »Allgemeinen Reichs-, Historien- und
Haushaltungskalender auf das Jahr 1935« | Ende 1934

Das Haushaltswarengeschäft lag mitten im Zentrum in der Altstadt von Hildesheim. Die Familie wohnte in einer Sechs-Zimmer-Wohnung über dem Geschäft.

Nachdem die Eltern Falk und Florentine Fürst sich zur Ruhe gesetzt hatten, war Hermann Fürst als ältester Sohn derjenige, der sich um die Belange der großen Familie kümmerte. Er war ein sehr erfolgreicher und für die damalige Zeit moderner Kaufmann. Innerhalb kurzer Zeit gründete er unter seinem Namen »Bazar Hermann Fürst« Zweiggeschäfte in Fulda, Alfeld und Hannover.

Zu Beginn des Ersten Weltkriegs wurde der damals 40-jährige Hermann Fürst mit 92 anderen jüdischen Männern aus Hildesheim eingezogen, von denen 20 im Krieg fielen.[4] Seine Ehefrau Hedwig, die seit der Eröffnung des »Riesen-Bazar Hermann Fürst« ständig mitgearbeitet hatte, führte das Geschäft selbständig bis zum Ende des Krieges weiter. Nach Kriegsende leitete sie die Haushaltswarenabteilung, die ein Drittel des Umsatzes ausmachte. Hermann und Hedwig Fürst führten das Geschäft mit 25 Angestellten gemeinschaftlich, auch wenn Hedwig Fürst nicht im Handelsregister eingetragen war. Vor 1930 betrug der Umsatz des Haushaltswarengeschäfts ungefähr 500.000 Reichsmark jährlich.[5]

Im Frühjahr 1919 gründete Hermann Fürst gemeinsam mit seinem Schwager Julius Rosenbaum, der mit seiner Familie im Frühjahr 1920 von Fulda nach Hildesheim zog, ein Großhandelsgeschäft in Hildesheim, das bis 1932 existierte.[6]

Der »Bazar Hermann Fürst« in Alfeld

Das Zweiggeschäft »Bazar Hermann Fürst« in Alfeld, Marktstraße 5 wurde 1913 eröffnet. Hausbesitzer und Geschäftsinhaber war Max Seelmann, der Schwager von Hermann Fürst. Max Seelmann, geboren 1881 in Borbeck, war seit 1907 mit Emma Rückersberg aus Rückeroth im Westerwald verheiratet. Das Ehepaar hatte zwei Söhne: Siegbert, geboren 1910 in Moers, und Kurt, geboren 1919 in Alfeld. Die unverheiratete Schwester von Emma Seelmann, Tekla Rückersberg, geboren 1876, lebte mit im Haushalt des Ehepaars in Alfeld.

Max Seelmann war Anfang der 1930er-Jahre Vorsteher der jüdischen Gemeinde.

Nach der Machtübernahme durch die Nationalsozialisten waren die jüdischen Kaufleute in Alfeld – unter ihnen die Familie Seelmann – ständigen Schikanen und Boykottmaßnahmen ausgesetzt und letztlich gezwungen, ihre Geschäfte zu verkaufen.

Der älteste Sohn Siegbert (geboren 1910), ein ausgebildeter Textilkaufmann, emigrierte im Oktober 1936 nach Chicago zu seinem Onkel Sally Seelmann. Kurt Seelmann (geboren 1919), der wegen seiner jüdischen Herkunft 1935 das Gymnasium in Alfeld verlassen musste, absolvierte eine Schneiderlehre in Delmenhorst und Bremen und folgte seinem Bruder im Mai 1938 in die USA.

▲ Das untere Bild zeigt die Marktstraße mit dem »Bazar Hermann Fürst«. Die Ansichtskarten wurden vom »Verlag Hermann Fürst, Alfeld a. Leine« hergestellt und vertrieben | 1914

▲ Herbert Fürst mit seinen Eltern | 1926

In Hildesheim besuchte der älteste Sohn von Hermann und Hedwig Fürst, Herbert, zunächst die jüdische Volksschule und anschließend bis 1916 das Andreas-Realgymnasium. Danach begann er im väterlichen Geschäft eine Ausbildung zum Kaufmann.

Von 1920 bis 1921 arbeitete Herbert Fürst als Volontär im Kaufhaus Althoff in Leipzig.

Ab 1926 war er bereits Geschäftsführer des Großhandelsgeschäfts Rosenbaum & Co. sowie des väterlichen Geschäfts, das er übernehmen sollte. 1927 heiratete er Hedwig (Hete) Rossbach, geboren am 3. Februar 1903 in Harpstedt,

Während des Novemberpogroms 1938 wurde die Wohnung der Familie verwüstet und Max Seelmann von der Polizei festgenommen. Im Gerichtsgefängnis von Alfeld wurde er vier Wochen lang inhaftiert und misshandelt. Im Juli 1941 gelang es Max und Emma Seelmann sowie Tekla Rückersberg über Portugal in die USA zu emigrieren.[7]

Emma Seelmann starb am 31. Mai 1951, Max Seelmann kurze Zeit später im September 1951 in Chicago. Tekla Rückersberg starb 92-jährig im Oktober 1968 ebenfalls in Chicago.

Die beiden Söhne Kurt und Siegfried kämpften in der US-Armee: Kurt wurde bereits am 19. März 1941 eingezogen und am 9. Oktober 1945 entlassen; Siegbert wurde am 9. Juni 1943 eingezogen und am 2. Januar 1946 entlassen.

Kurt Seelmann arbeitete zunächst in seinem Beruf als Schneider, danach als Verkäufer. Er war mit Lotte Seelmann, geborene Marx, verheiratet und lebte später in Los Angeles. Im November 1982 besuchte er seine Geburtsstadt Alfeld.[8] Er starb am 6. Februar 1994 in Los Angeles, sein Bruder Siegbert war bereits am 26. Januar 1975 in Chicago verstorben.[9]

◀ Herbert und Hete Fürst | undatiert

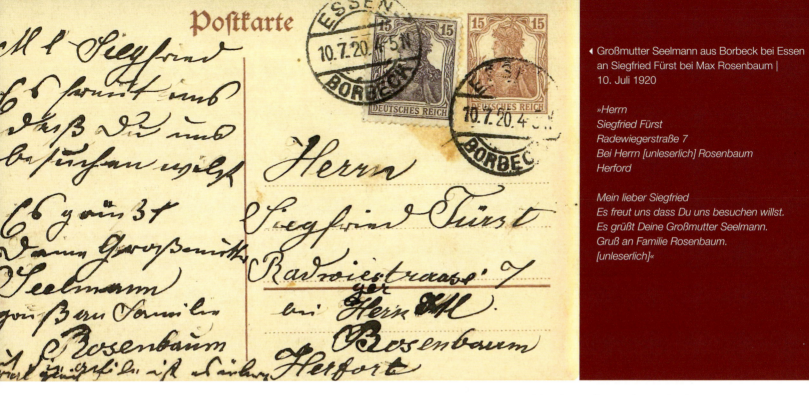

◀ Großmutter Seelmann aus Borbeck bei Essen an Siegfried Fürst bei Max Rosenbaum | 10. Juli 1920

»Herrn
Siegfried Fürst
Radewiegerstraße 7
Bei Herrn [unleserlich] Rosenbaum
Herford

Mein lieber Siegfried
Es freut uns dass Du uns besuchen willst.
Es grüßt Deine Großmutter Seelmann.
Gruß an Familie Rosenbaum.
[unleserlich]«

Kreis Syke. Hedwig Fürst arbeitete ebenfalls im Geschäft mit; das Ehepaar wohnte im zweiten Stock des Geschäfts- und Wohnhauses Kurzer Hagen 12a.[10]

Der jüngere Sohn Siegfried ging nach der Schule zur kaufmännischen Ausbildung nach Herford. Max Rosenbaum, der Bruder seines Onkels Julius Rosenbaum, besaß dort ein Kaufhaus. Vom Mai 1922 bis Juni 1924 zog er nach Nürnberg, vermutlich um als Volontär in einem Kaufhaus zu arbeiten.[11]

Siegfried Fürst wollte nicht in Deutschland bleiben und wanderte im Dezember 1924 nach Chicago aus. Ein Onkel mütterlicherseits, Sally Seelmann, war bereits 1895 nach Chicago ausgewandert.

Er gründete eine Fabrik, die Tierfallen herstellte und war damit sehr erfolgreich.[12]

Am 11. März 1936 heiratete Siegfried Fürst Ruth Rehfeld, geboren am 15. März 1904 in Hannover. Ihre Eltern, Hermann und Bertha Rehfeld waren mit ihr bereits 1913 in die USA ausgewandert.[13]

Hermann Fürst war nicht politisch aktiv, hatte auch keine Funktionen innerhalb der jüdischen Gemeinde in Hildesheim. Er war jedoch Mitglied in der 1909 in Hildesheim gegründeten Hillel-Loge, die ihre Aufgabe darin sah, soziale Unternehmungen und Einrichtungen, auch nichtjüdische, zu unterstützen. Auch Hedwig Fürst war aktives Mitglied im Schwesternbund der Loge. Mitte der 1920er-Jahre hatte die Loge etwa 70 Mitglieder.[14]

Auch in Hildesheim bildeten sich um 1920 judenfeindliche völkische Gruppierungen, deren Versammlungen bei der Bevölkerung großes Interesse fanden. Bei der Reichstagswahl am 5. März 1933 war die NSDAP die stärkste Partei, wenn auch das Ergebnis unter dem Reichsdurchschnitt blieb.[15]

Schon in der ersten Märzhälfte 1933 gab es in einigen deutschen Städten Aktionen gegen jüdische Geschäfte. Die NSDAP ordnete zum 1. April 1933 einen reichsweiten Boykott jüdischer Geschäfte, Rechtsanwälte und Ärzte an. Der Boykott wurde mit Hilfe der SA durchgesetzt, die am frühen Morgen auch in Hildesheim durch die Straßen zog.[16] Hermanns Sohn Siegfried aus Chicago hielt sich gerade für mehrere Monate in Hildesheim auf; obwohl er seit 1931 amerikanischer Staatsbürger war, wurde er angegriffen und verletzt.[17]

1956 erinnerte sich eine ehemalige Verkäuferin des »Riesen-Bazar Hermann Fürst« an die damaligen Ereignisse:

»Schon seit 1933 war das gutgehende Detail-Geschäft der Gegenstand vieler Attacken seitens der SA und sonstiger Nazis, welche sehr scharfe Boykott-Maßnahmen durchführten, die Schaufenster beschmierten, Posten aufstellten, die Leute am Betreten des Geschäfts hinderten. Zeitweise trat bei diesen Aktionen ein gewisser Stillstand ein, der aber durch immer neue Aktionen abgelöst wurde, ganz besonders in der Abspenstigmachung der Kundschaft, in dem Absingen von Hass-Liedern vor dem Geschäft und in wilden Drohungen. Manchen alten treuen Kunden blieb nichts anderes übrig, als durch die Hoftür in das Geschäft zu kommen und auf dem gleichen Wege es wieder zu verlassen. Trotz allem hing Hermann Fürst sehr an seinem Geschäft, das sein Lebenswerk war.«[18]

▲ *»Fluch dem, der in diesem Judentempel kauft!«* – SA-Männer vor dem Geschäft von Hermann Fürst in Hildesheim | 1. April 1933

Die Einnahmen des Haushaltswarengeschäfts von Hermann Fürst gingen durch die Boykottmaßnahmen drastisch zurück. Ab 1933 waren noch ungefähr 20 Angestellte in dem Geschäft tätig, die, trotz des geringen Umsatzes, nicht entlassen werden durften. In den nächsten Jahren musste die Familie von ihrem ersparten Vermögen leben.

Um weiter beruflich tätig zu sein, beantragte Herbert Fürst Anfang 1936 eine Legitimationskarte für Wandergewerbetreibende, trotz des deutlichen sozialen Abstieges, der damit verbunden war. Die Ausstellung dieser Karte wurde ihm und einem weiteren jüdischen Kaufmann aus Hildesheim verweigert.

Erst mit Androhung einer Klage vor dem Verwaltungsgericht wurde die Legitimationskarte für ein Jahr ausgestellt.[19] Daher sah Herbert Fürst für sich und seine Ehefrau keine Chance mehr, im nationalsozialistischen Deutschland zu bleiben. Am 26. Mai 1937 beantragte er beim amerikanischen Generalkonsulat in Hamburg das Auswanderungsvisum und meldete sich und seine Frau Hedwig in Hildesheim am 11. September 1937 polizeilich ab.

Das Ehepaar fuhr zunächst nach Hannover, um sich von ihren Verwandten zu verabschieden. In Hannover lebten Vater und Bruder von Hete Fürst – David und Helmut Rossbach – und die Familie von Herberts Onkel Max Fürst. Hier erfuhren sie, dass Hermann Fürst kurz nach ihrer Abreise von Hildesheim schwer misshandelt und das Geschäft geplündert und verwüstet worden war.[20]

Herbert und Hedwig Fürst mussten nicht nur den verletzten Hermann Fürst in Hildesheim zurücklassen. Auch der Vater von Hedwig Fürst, David Rossbach, geboren 1873, blieb in Hannover zurück. Er wurde am 15. Dezember 1941 über die Sammelstelle auf dem Gelände der jüdischen Gartenbauschule Ahlem nach Riga deportiert und dort ermordet.[21] Der Bruder Julius Rossbach, der in »Mischehe« lebte, wurde im Februar 1945 nach Theresienstadt deportiert und konnte überleben.[22] Das Schicksal des Bruders Alfred Rossbach, der nach Amsterdam geflüchtet war, ist ungeklärt.

Am 25. September 1937 erreichten Herbert und Hedwig Fürst New York.[23] Die Ausreise in die USA war teuer gewesen: Die Überfahrt für zwei Personen in der Touristenklasse des Schiffs »Statendam« kostete 700 Reichsmark. Hinzu kamen noch die Kosten für die Bahnfahrt von Hildesheim nach Rotterdam.[24]

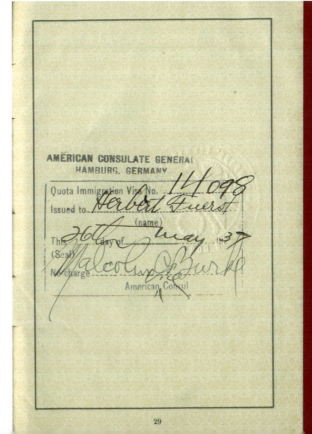

◀ Stempel des amerikanischen Generalkonsulats in Hamburg im Reisepass von Herbert Fürst | 26. Mai 1937

▲ Kurz bevor ihr Sohn und ihre Schwiegertochter in die USA emigrierten, unternahmen Hermann und Hedwig Fürst im Sommer 1937 noch einen Ausflug in den am Deister gelegenen Kurort Bad Nenndorf.

In den USA ging es Herbert und Hedwig Fürst wirtschaftlich so schlecht, dass Hermann Fürst ihnen verbotenerweise aus Hildesheim mehrmals Pakete zuschickte.[25] Auch in Chicago, wohin das Paar weiterzog, ging es ihnen finanziell nicht besser. 1938 verdiente Herbert Fürst als Vertreter sehr wenig, seine Frau Hedwig musste in einer Fabrik arbeiten.[26]

Im September 1937 wurde Hermann Fürst in seinem Geschäft von mehreren SA-Männern überfallen und so schwer misshandelt, dass er wochenlang in ärztliche Behandlung musste. Nach diesem Überfall kamen kaum noch Kunden in sein Geschäft. Spätestens jetzt musste Hermann Fürst erkennen, dass er sein Geschäft aufgeben musste. Es dauerte noch mehr als ein halbes Jahr, bis er einen Käufer fand.[27]

Im Juli 1938 verkaufte Hermann Fürst sein Eigentum an den Möbelhändler Paul Fels: das Haus in der Innenstadt Hildesheims Kurzer Hagen 12a und das Grundstück Langer Hagen 10, auf dem sich das Warenlager befand. Die Grundstücke wurden unter ihrem tatsächlichen Wert verkauft;

◀ Das Foto ist untertitelt: »*Das Ende des Riesen Bazars leere Gestelle Ausverkauf*«. Am Ende des Tisches sitzen Hermann Fürst und Julius Rosenbaum, vorn rechts Hedwig Fürst, ihre Schwester Adele Seelmann aus Borbeck und ihre Schwägerin Emma Seelmann aus Alfeld. Bis auf Adele Seelmann konnten alle emigrieren. Sie wurde am 22. April 1942 über Düsseldorf in das Ghetto Izbica deportiert und ermordet.

Hermann und Hedwig Fürst konnten aber noch in ihrer Wohnung bleiben; die Übergabe der Grundstücke sollte erst am 31. Dezember 1938 erfolgen.[28]

Während der Pogromnacht vom 9./10. November 1938 wurden die Geschäfte der jüdischen Kaufleute in Hildesheim von SS-Männern verwüstet und geplündert. Reinhard Heydrich, Chef der Sicherheitspolizei und des SD, hatte in dieser Nacht angeordnet, das reichsweit hauptsächlich männliche wohlhabende Juden verhaftet und in ein Konzentrationslager eingewiesen werden sollten.

Ungefähr 60 jüdische Männer, unter ihnen der 63-jährige Hermann Fürst, wurden von Gestapobeamten und SS-Männern aus ihren Wohnungen geholt, in das Polizeigefängnis im »Hermann-Göring-Haus« gebracht und misshandelt.

Um die Männer zusätzlich zu demütigen, nahm man ihnen die Schnürsenkel und Hosenträger ab und führte sie auf Umwegen in das Godehardigefängnis. In der Nacht zum 11. November wurde Hermann Fürst mit anderen Männern auf offenen Lastwagen nach Hannover gebracht. Von dort wurden sie mit den in Hannover festgenommenen Männern in einem Sonderzug in das KZ Buchenwald überführt.[29]

◄ Nach dem Pogrom vom 9./10. November 1938 verhaftete jüdische Männer auf dem Appellplatz des Konzentrationslagers Buchenwald. Gleich nach der Ankunft wurden den Häftlingen die Haare und Bärte geschoren.

Im KZ Buchenwald wurde den Häftlingen ihr Geld abgenommen und auf einer »Geldkarte« registriert (hier ein Ausschnitt). Bei Hermann Fürst (Häftlingsnummer 23628) waren es 20 Reichsmark. Nachdem er Ende August 1939 aus dem Deutschen Reich ausgebürgert worden war, wurde der Betrag am 15. Oktober 1940 auf der Karte ausgetragen und zugunsten der Staatskasse eingezogen.

▸ Hermann Fürst vor seiner Inhaftierung in Buchenwald (oben) und nach seiner Entlassung.

Am 28. November 1938 wurde Hermann Fürst aus dem KZ Buchenwald entlassen und kehrte nach Hildesheim zurück.

Das Warenlager seines ehemaligen Geschäfts, das aufgrund der in den letzten Jahren stark zurückgegangenen Verkäufe noch einen großen Bestand aufwies, wurde Ende November 1938 durch einen »Treuhänder« in Hildesheim zwangsversteigert.

Gerda A., die seit 1927 im Geschäft zunächst als Lehrling, dann als Verkäuferin tätig gewesen war, beschrieb die Zwangsversteigerung des Warenlagers:

»Die unvermeidliche Katastrophe trat ein, als im November 1938 Schaufenster wieder zerschlagen wurden und als Herr Fürst verhaftet und ins Konzentrationslager gebracht worden war. Als er von dort nach etwa 5–6 Wochen zurückkam, war bereits ein Treuhänder eingesetzt und es musste der Total-Ausverkauf des noch vorhandenen großen Warenlagers so schnell als irgend möglich betrieben werden. Die ganze Ware musste verschleudert werden […] Es war kein Einzelstück da, für das günstigenfalls mehr als die Hälfte des Einkaufspreises erzielt wurde.
Als der Ausverkauf nach einigen Wochen fertig war, wurden die vielen Regale und auch die Verschläge des großen Lagerhauses und des Kellers als Brennholz verkauft; sonstige Einrichtungsgegenstände wurden verschleudert. Der Verkauf dieser Gegenstände setzte sich noch fort, als Herr und Frau Fürst bereits Hildesheim verlassen hatten. Der Treuhänder nahm die Erlöse aus dem Ausverkauf ein; was mit dem Geld geworden ist weiß ich nicht.« [30]

Hermann und Hedwig Fürst wollten so schnell wie möglich Deutschland verlassen. Die Ausreise über Rotterdam in die USA war für das Frühjahr 1939 geplant. Durch zwei freigewordene Plätze hatten Hermann und Hedwig Fürst, die Möglichkeit schon am 31. Dezember 1937 an Bord des Schiffs »Statendam« zu gehen. Ihr Umzugsgut war bereits von der Spedition Neukirch aus Bremen fertig verpackt worden.

Am 29. Dezember 1938 erstattete die Zollfahndungsstelle Hannover Anzeige beim Oberfinanzpräsidenten Hannover gegen Hermann Fürst. Bei der Kontrolle und Durchsuchung des Frachtguts fanden Zöllner mehrere Päckchen, die an Herbert Fürst in New York adressiert waren. Bei einer Vernehmung am 20. Dezember hatte Hermann Fürst zugegeben, seinem Sohn Herbert verbotenerweise Pakete mit Haut- und Haarpflegeprodukten geschickt zu haben. Auf einigen nicht abgeschickten Paketen im Frachtgut stand noch seine Adresse. Zu einer Vorladung wegen Devisenvergehens kam es aber nicht mehr, und Hermann und Hedwig Fürst konnten am 31. Dezember 1938 rechtzeitig das Schiff in die USA erreichen.

Von New York aus kämpfte Hermann Fürst um die Nachsendung seines Eigentums. Sein in Hannover wohnender Bruder Max wandte sich bereits am 28. Januar 1939 an die Devisenüberwachungsstelle des Oberfinanzpräsidenten. Er war bereit, die Geldstrafe wegen des Devisenvergehens seines Bruders zu bezahlen, damit die Verschickung der Möbel in die USA erfolgen konnte. Seine Eingabe hatte keinen Erfolg. Lediglich ein Handkoffer mit Kleidung wurde am 22. April 1939 nach New York nachgesandt.[31]

Am 3. August 1939 schrieb Hermann Fürst einen verzweifelten Brief an die Devisenüberwachungsstelle beim Oberfinanzpräsidenten Hannover:

»Ich erlaube mir deshalb mich schriftlich direkt an Sie zu wenden, mit der ergebenen Bitte das Gut freizugeben […].
In Anbetracht dessen, dass ich bei meiner Abreise weder für mich noch für meine Frau irgendetwas mitgenommen habe, […] die Tatsache, dass wir auch keinerlei Geldmittel mit uns haben, sind wir in einer sehr misslichen finanziellen Lage […].

Weder mir noch meiner Frau mit 65 und 67 Jahren ist es möglich bei den hiesigen Arbeitsverhältnissen irgendetwas dazu zu verdienen. Wir sind deshalb tatsächlich bettelarm und können uns weder Möbel oder Wäsche kaufen [...]
Alle Behörden in Hildesheim werden bestätigen, dass ich 39 Jahre lang mein Geschäft einwandfrei geführt habe, dass ich mich nie politisch betätigt habe, dass ich zwei Jahre Soldat war (1894–96), dass ich zum Krieg vom Februar 1915 an einberufen wurde, sogar über den Schluss des Krieges freiwillig mehrere Monate hinaus für Aufarbeitungsarbeiten zur Kommandantur Hameln ging.
Bei Auflösung meines Geschäftes Ende 1938 habe ich mein Personal fast sämtlich anderweitig untergebracht, und alle meine Steuern und Abgaben einschließlich Golddiskont, restlos bezahlt. – All dieses bitte ich bei Beurteilung meines Falls zu berücksichtigen und meiner Bitte um Freigabe stattzugeben [...].«[32]

Hermann Fürsts Eingabe blieb erfolglos. Die Gestapo Hildesheim wies den Oberfinanzpräsidenten am 28. August 1939 an, Hermann Fürst nicht zu antworten. Ihr Eigentum, das eingelagerte Umzugsgut, das laut Spedition über sieben Wagenmeter lang war, sahen Hermann und Hedwig Fürst nie wieder.

In den USA lebten inzwischen einige Verwandte von Hermann und Hedwig Fürst, die ebenfalls aus Deutschland emigriert waren. 1942 besuchten sie ihre Verwandten in Chicago.

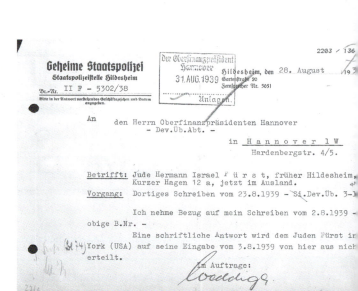

▲ In einem kurzen Schreiben an die Devisenüberwachungsabteilung beim hannoverschen Oberfinanzpräsidenten lehnte es die Gestapostelle Hildesheim am 28. August 1939 strikt ab, auf die Eingabe von Hermann Fürst vom 3. August 1939 zu antworten.

▲ Im Highland Park im Norden von Chicago (von links): Hermann und Hedwig Fürst, mit ihrer Schwiegertochter Ruth, mit ihrem Sohn Siegfried (Fred) und mit Hedwigs Schwester Jeanette Rückersberg | 1942

◀ Hermann und Hedwig Fürst (rechts) mit ihren Verwandten in Chicago: Hedwigs Bruder Max Seelmann mit seiner Frau Emma, Hedwigs Bruder Gustav Seelmann mit seiner Ehefrau Sidonie (Toni), Hedwigs Schwester Jeanette Rückersberg und deren Schwägerin Thekla Rückersberg | 1942

Nach Ende des Krieges schrieb Hermann Fürst am 24. Juni 1946 an die Speditionsfirma Neukirch in Bremen und fragte nach dem Verbleib seines 1939 zurückgelassenen Umzugsguts. Am 5. Juli 1946 antwortete Firma Neukirch:

» […] und müssen Ihnen zu unserem Bedauern mitteilen, dass auch das für Sie eingelagerte Umzugsgut ebenso wie alle anderen Liftvans durch den Oberfinanzpräsidenten resp. Gestapo versteigert worden ist […]. Das Umzugsgut ist am 27.12.38 von Hildesheim nach unserem Lager überführt worden […] und zwar mit dem Auftrag, es bei uns seemäßig zu verpacken und nach New York zum Versand zu bringen […] Am 14. Juli 1939 hat die Gestapo Polizeistelle Hildesheim sämtliche Vermögenswerte des Kunden sichergestellt. Mit Schreiben vom 10. August 1940 hat uns das Finanzamt Bremen-Mitte Vollstreckungsstelle aufgefordert, das Umzugsgut zum Zwecke der Versteigerung am 12. August 1940 zum städt. Pfandhaus Königsstr. 11 zu überführen. Dieses ist termingemäß geschehen […]. «[33]

Eine Entschädigung für das erlittene Unrecht und sein gestohlenes Eigentum erlebte Hermann Fürst nicht mehr. Er starb am 29. Juni 1948 in New York. Hedwig Fürst überlebte ihren Ehemann um fast zehn Jahre. Ein knappes Jahr bevor sie 1958 in New Jersey bei ihrem Sohn Herbert starb, gab es im Juli 1957 noch ein Treffen mit einigen Verwandten in New York.

Die Ehen von Hermann und Hedwig Fürsts Söhnen, Herbert und Siegfried, blieben kinderlos. Siegfried und Ruth Fürst zogen von Chicago nach Los Angeles, Kalifornien. Der Kontakt der beiden Brüder blieb nach wie vor eng.

▲ Hedwig und Hermann Fürst wohnten in Washington Heights, einem Stadtteil von New York, in dem überwiegend deutsche und österreichische Emigranten lebten | 28. August 1943

◀ 1950 fotografierte Herbert Fürst seine Schwägerin Ruth, Bruder Siegfried und Ehefrau Hete in New York. Hete Fürst starb drei Jahre später.

◀ Am 14. August 1955 heiratete Herbert Fürst Mildred Solomon, geboren am 18. November 1910. Das Ehepaar lebte mit Herberts Mutter Hedwig bis zu ihrem Tod 1958 zusammen in New Jersey. Mildred Fürst starb am 1. Juni 1993, kurze Zeit danach folgte ihr Herbert Fürst im Dezember 1993.

▲ Siegfried und Ruth Fürst vor ihrem Haus in Los Angeles am Memorial Day | 27. Mai 1991.
An diesem Tag wird in den USA der gefallenen amerikanischen Soldaten gedacht.
Ruth Fürst starb im August 1998, Siegfried Fürst zwei Jahre später im September 2000.[34]

Isidor und Christine Fürst in Mönchengladbach

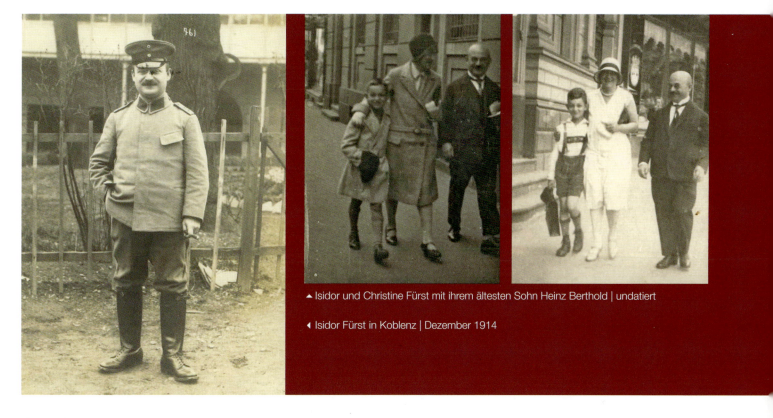

▲ Isidor und Christine Fürst mit ihrem ältesten Sohn Heinz Berthold | undatiert

◄ Isidor Fürst in Koblenz | Dezember 1914

Isidor Fürst, geboren am 25. August 1876 in Frankenberg, war der einzige Akademiker der Geschwister Fürst. Nach dem Abitur, das er 1896 in Marburg ablegte, studierte Isidor Fürst in Kassel und Berlin Rechtswissenschaften. Im Mai 1899 bestand er sein Referendarexamen in Kassel, danach leistete er den Einjährig-Freiwilligen Dienst beim 3. Hannoverschen Infanterie Regiment in Hildesheim.

Am 20. Januar 1905 legte er das Assessor-Examen in Berlin ab und war zunächst als Gerichtsassessor in Hanau tätig. Ende Dezember 1905 machte er sich als Rechtsanwalt in Gladbach selbständig.[1]

Zu Beginn des Ersten Weltkriegs wurde Isidor Fürst im August 1914 eingezogen, kehrte nach dem Krieg nach Gladbach zurück und führte seine Rechtsanwaltskanzlei weiter. Seine Ehefrau Christine Fredloh, genannt Tinny, geboren 1893 in Gladbach, stammte aus einem katholischen Elternhaus.[2]

▲ Christine Fürst, geb. Fredloh | undatiert

▲ Heinz Berthold Fürst | undatiert

In Gladbach wohnte die Familie in der Bismarckstraße 73, wo sich auch die Büroräume der Anwaltskanzlei befanden. Isidor Fürst wurde bald ein angesehener Anwalt in Gladbach und war 1924 Mitbegründer und 1. Vorsitzender des »Vereins jüdischer Bürger«. Der Verein förderte das gesellschaftliche und kulturelle Leben der jüdischen Mittelstandsfamilien in Gladbach. Im November 1935 musste sich der Verein unter dem Druck der NSDAP selbst auflösen. Seit 1926 war Isidor Fürst auch Mitglied der elitären »Walther-Rathenau-Loge«, einer unpolitischen jüdischen Loge, die sich um jüdische Hilfsbedürftige kümmerte.[4]

Nach der Machtübertragung an die Nationalsozialisten blieb Isidor Fürst 1933, dank seiner guten Kontakte, zunächst als Anwalt beim Landgericht M.Gladbach zugelassen.

Die Beziehung wurde sowohl von den katholischen als auch von den jüdischen Eltern abgelehnt. Deshalb kam eine »Mischehe« nicht in Frage. Der älteste Sohn Heinz Berthold wurde am 23. März 1919 unehelich in Düsseldorf geboren.

Nachdem die Eltern von Isidor Fürst gestorben waren, konnten er und Christine Fredloh 1925 endlich heiraten. Die Hochzeit fand in Hildesheim statt. Die Geschwister hatten offenbar keine Probleme mit der »Mischehe« ihres Bruders. Zur katholischen Familie von Christine Fürst gab es jedoch kaum Kontakt.[3] Der älteste Sohn Heinz Berthold und der am 30. März 1926 in Gladbach geborene Sohn Günter wurden im jüdischen Glauben erzogen. Die Verbindungen zur großen Familie Fürst blieben eng.

▲ Günter und Heinz Berthold Fürst mit ihrem Kindermädchen zu Besuch bei Onkel und Tante Keijzer in Menden | um 1930

Isidor Fürst war selbstbewusst: Im Februar 1937 musste er sich vor dem Amtsgericht verantworten, da er einen nichtjüdischen Jungen geohrfeigt hatte. Dieser hatte aus Mutwilligkeit den Verschluss des Wasserleitungsrohrs an dem Haus Bismarckstraße 73 beschädigt. Das war nicht ungefährlich: Isidors Neffe Heinz Rosenbaum wurde 1935 in Hameln wegen Abreißens eines NSDAP-Plakates zu einem Monat Haft verurteilt. Isidor Fürst kam mit einer Geldstrafe davon.

Mit der 5. Verordnung zum Reichsbürgergesetz wurde den jüdischen Rechtsanwälten die Zulassung zum 30. November 1938 entzogen. Isidor Fürst konnte jedoch seinen Beruf am Landgericht Gladbach als sogenannter Judenkonsulent weiter ausüben. Für die jüdischen Bürger in Gladbach und Rheydt war er der einzige Rechtsanwalt, der sie in Strafverfahren und Auswanderungs- und Vermögensangelegenheiten vertreten konnte. Geschützt durch seine »Mischehe« wurde Isidor Fürst während des Novemberpogroms 1938 nicht verhaftet.

Der jüngste Sohn Hanns wurde am 25. Juni 1938 in Gladbach geboren und im Gegensatz zu seinen älteren Brüdern Heinz Berthold und Günter, katholisch getauft.

Heinz Berthold, der älteste Sohn von Isidor und Christine Fürst, absolvierte ab Oktober 1933 eine Lehre zum Maschinenschlosser, die er Mitte März 1937 als Facharbeiter beendete. Am 6. Januar 1942 heiratete er die Näherin Edith Süsskind, geboren 1922 in Gladbach. Obwohl er aus einer »Mischehe« stammte, aber der jüdischen Gemeinde angehörte, wurde er gemeinsam mit seiner jüdischen Ehefrau, deren Schwester Ilse und der Mutter Frieda Süsskind am 22. April 1942 über Düsseldorf in das Ghetto Izbica deportiert.

Heinz Berthold konnte aus dem Ghetto Izbica noch zwei Postkarten an seine Eltern schicken, datiert auf den 9. und 31. Juli 1942; danach verliert sich die Spur des jungen Ehepaars.

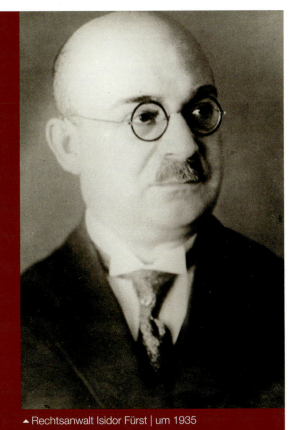

▲ Rechtsanwalt Isidor Fürst | um 1935

Die verschleppten Menschen aus dem Rheinland und dem Ruhrgebiet blieben noch etwa sechs Monate in dem Durchgangsghetto Izbica. Im Oktober 1942 wurden sie in ein Vernichtungslager, vermutlich Sobibór, deportiert und dort ermordet.[5]

Günter Fürst besuchte nach der Volksschule das Stiftische Humanistische Gymnasium in Gladbach. Mit dem Schulverbot für jüdische Schüler vom 15. November 1938 musste er mit vier weiteren jüdischen Schülern das Gymnasium verlassen.[6]

Erst am 15. April 1941 erhielt Günter Fürst mit einer Gruppe von insgesamt sieben Kindern und Jugendlichen ein Visum des amerikanischen Konsulats in Stuttgart für die Emigration in die USA und fuhr Ende Juli mit einem plombieren Zug durch Frankreich nach Barcelona. Die Reise wurde vom »German Jewish Children Aid Incorporated, New York« organisiert und bezahlt. Am 20. August 1941 erreichte Günter Fürst an Bord der »Ciudad de Sevilla« New York. An Bord waren auch Max und Emma Seelmann sowie Thekla Rückersberg, die aus Alfeld bei Hildesheim geflohen waren.

Günter Fürst besuchte in Los Angeles zwei Jahre lang die Alexander Hamilton High School und belegte einen Lehrgang für Fotografie.[7] Im Alter von 19 Jahren wurde er Anfang 1945 in die US-Armee einberufen. Zunächst leitete er das Personalamt des Kriegsgefangenenlagers Camp Robert/San Miguel, Kalifornien. Nach Ende des Krieges wurde er nach Bad Kreuznach versetzt und kehrte nach seiner Entlassung im März 1947 in die USA zurück.[8]

▲ Günter Fürst in der US-Armee | undatiert

Günter Fürst heiratete in den USA Eleonore Rosenbaum, geboren 1920 in Detmold. Sie war eine Nichte von Max Rosenbaum, der im März 1939 aus Herford mit seiner Familie in die USA geflüchtet war. Max' Bruder Julius war mit Clothilde Fürst – einer Schwester von Isidor – verheiratet und bereits 1937 in die USA emigriert.

▲ Günter und Eleonore Fürst mit Ruth Fürst (links), der Ehefrau von Günters Cousin Siegfried, in Chicago | undatiert

▶ Festtagsgrußkarte von Gunter und Eleanor Furst mit den Kindern Elaine, Gregory und Daniel, aus West Islip, New York | undatiert. Später zog die Familie nach Virginia.

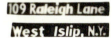

Günter Fürst starb im April 1999, Eleonore im März 2004.⁹

Das Wohn- und Bürohaus von Isidor und Christine Fürst in der Bismarckstraße 73 wurde 1941 eines der »Judenhäuser« von Gladbach. Isidor Fürst, zunächst vor der Deportation durch seine »Mischehe« geschützt, musste den Judenstern tragen, nicht aber den jüdischen Zwangsvornamen »Israel« annehmen. Trotz der Beschwerde eines Rechtsanwalts bestätigte die Gestapostelle Düsseldorf am 16. März 1942, dass Isidor als jüdischer Vorname ausreiche.¹⁰

▲ Architekten begutachten den Schaden am Haus von Isidor Fürst, Bismarckstraße 73 | März 1945

Am 17. September 1944 wurde der 68-Jährige mit weiteren Männern und Frauen, die in »Mischehe« lebten, von Düsseldorf aus zum Arbeitseinsatz zwangsverpflichtet. Die Männer wurden in das Arbeitslager Lenne bei Vorwohle, das der »Organisation Todt« unterstand, gebracht. Jeder durfte 30 kg Gepäck mitnehmen. Im Dorf Vorwohle wurden die Männer in einer Scheune notdürftig untergebracht und nach ihrer Arbeitsfähigkeit hin ausgesucht. Isidor Fürst gehörte zu den nicht Arbeitsfähigen, die am 30. September 1944 in das Jüdische Krankenhaus, Iranische Straße 2, nach Berlin kamen. Dort befand sich ein Arbeits- und Sammellager für jüdische Ehemänner aus »Mischehen«, die aufgrund ihres Alters nicht mehr in Lage waren, harte körperliche Arbeit zu leisten. Im Jüdischen Krankenhaus wurde eine Schneiderwerkstatt eingerichtet, in der die Häftlinge im Schichtbetrieb Kinderkleidung nähen mussten. Einmal in der Woche durfte nach Hause geschrieben werden.[11]

Währenddessen blieb Christine Fürst mit Sohn Hanns in Gladbach von den Verfolgungsbehörden weitgehend unbehelligt. Das Haus in der Bismarckstraße 73 wurde zwar von Bomben getroffen, aber nicht völlig zerstört. Ende März 1945 marschierten alliierte Truppen in Gladbach ein. Christine Fürst wandte sich sofort an die britische Militärregierung, um das bombengeschädigte Haus instand setzen zu lassen. Ihr Antrag wurde genehmigt, da sich in den Büroräumen Akten zu den jüdischen Klienten von Isidor Fürst befanden, die bei der Rückerstattung des geraubten jüdischen Eigentums von Bedeutung waren.

Am 1. August 1945 kehrte Isidor Fürst aus Berlin nach Gladbach zurück und wurde am 27. September 1945 wieder als Rechtsanwalt beim Landgericht Mönchengladbach zugelassen.

Im November 1945 gründete er mit 23 Mitgliedern die jüdische Gemeinde Mönchengladbach und wurde am 24. April 1946 zum kommissarischen Vorsitzenden des Landesverbandes der Nord-Rheinprovinz ernannt. Im Mai 1946 warf ihm der Landesverband vor, er habe in seiner Kanzlei Personal mit NS-Vergangenheit angestellt und suspendierte ihn. Erst Ende Mai 1950 wurde Isidor Fürst nach heftigen Auseinandersetzungen durch einen Schiedsvertrag rehabilitiert.

Am 5. Dezember 1955 feierte er sein 50-jähriges Anwaltsjubiläum; kurz darauf, am 16. März 1956, starb Isidor Fürst in Mönchengladbach. Seine Ehefrau Christine Fürst starb am 9. März 1971 ebenfalls in Mönchengladbach.[12]

Goldenes Berufsjubiläum
50 Jahre Rechtsanwalt in M.Gladbach

M.GLADBACH. Ein hochangesehener Gladbacher Jurist, Rechtsanwalt Isidor F ü r s t, kann heute, 5. Dezember, auf eine 50jährige erfolgreiche berufliche Tätigkeit zurückblicken. Der Goldjubilar wurde am 25. August 1876 in Frankenberg geboren, besuchte von 1882 bis 1890 die Volksschule und anschließend bis 1896 das Gymnasium in Marburg. An der dortigen und an der Berliner Universität studierte er Rechtswissenschaft. Am 20. Mai 1899 legte er die erste juristische Staatsprüfung in Kassel ab. Als Referendar begann er beim Amtsgericht in Preysa den juristischen Vorbereitungsdienst. Den aktiven Militärdienst leistete er als Einjährig-Freiwilliger 1899 bis 1900 beim 3. Hannov.-Infantrie-Regiment in Hildesheim. Nachdem er am 20. Januar 1905 in Berlin die große juristische Staatsprüfung abgelegt, war er zunächst als Gerichtsassessor beim Landgericht in Hanau tätig, und am 5. Dezember 1905 wurde er als Rechtsanwalt beim Amtsgericht in M. G l a d b a c h zugelassen. Während des ersten Weltkrieges war Rechtsanwalt Fürst vom 5. August bis zum 9. November 1918 zum Militär einberufen, zuletzt als Beamtenstellvertreter.

Im Zuge der Judenverfolgung der Nationalsozialisten wurde ihm die Rechtsanwaltspraxis entzogen, aber die Berechtigung erteilt, eine Tätigkeit als Konsulent zur Vertretung von Juden auszuüben. Am 17. September 1944 brachte man ihn nach Berlin ins Konzentrationslager, aus dem er am 1. August 1945 zurückkehrte, um am folgenden Tage seine Tätigkeit als Rechtsanwalt wieder aufzunehmen. Auch heute übt der Jubilar trotz seines hohen Alters noch seine Tätigkeit als Rechtsanwalt, mit einem jungen Kollegen gemeinsam aus. An seinem Jubiläumstag wird Rechtsanwalt Fürst im Mittelpunkt zahlreicher Ehrungen stehen.

Foto: Lore Bermbach

▲ Zeitungsartikel zum 50. Dienstjubiläum als Rechtsanwalt | 5. Dezember 1955

Salli Fürst in den USA

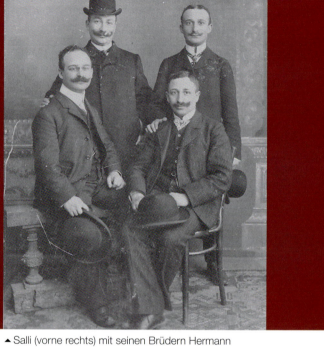

▲ Salli (vorne rechts) mit seinen Brüdern Hermann und Max (hinten) und Isidor | vor 1905

Salli Fürst wurde am 25. August 1878 in Frankenberg geboren. Sein Vater, Falk Fürst, beantragte im Juni 1895 bei der Gemeinde Fürstenberg die Entlassung seines damals 16-jährigen Sohnes aus dem preußischen Staatsverband, da dieser nach Amerika auswandern wolle. Als Begründung gab der siebenfache Vater an, dass der Sohn zu Bekannten reisen wolle, die für sein berufliches Weiterkommen sorgen würden. In Frankenberg hatte Salli eine Bäckerlehre beendet. In einer von der Staatsanwaltschaft angeforderten Erklärung bescheinigte die Stadt Frankenberg, dass gegen Salli Fürst keine Straftaten vorliegen würden, so dass der Ausreise nichts im Wege stand.[1] Mit dem Schiff »Havel« kam er am 22. August 1895 in New York an.[2] Doch aufgrund seiner schlechten wirtschaftlichen Situation kehrte er nach fünf Jahren, Ende 1900, nach Frankenberg zurück.

Um wieder in den preußischen Staatsverband aufgenommen zu werden, richtete er am 31. Januar 1901 ein Gesuch an die Polizeiverwaltung in Frankenberg:

»*Der Bäcker Sally Fürst zu Frankenberg bittet um Wiederaufnahme in den Staatsverband*

Frankenberg, den 31. Januar 1901

Im Monat August des Jahres 1895 bin ich mit Entlassung des Herrn Regierungs-Präsidenten zu Cassel nach Amerika ausgewandert. Ich bin in Amerika bis zum Jahr 1900 beschäftigt gewesen und da nach Deutschland zurückgekehrt und in das Geschäft meines Vaters eingetreten. Die Geschäfte lagen augenblicklich in Amerika ganz darnieder, ich war öfters außer Beschäftigung, sodaß ich es vorzog wieder in mein Vaterland zurückzukehren. Mein Vater betreibt in Frankenberg ein Bäckergeschäft, ich welchem ich vollauf Beschäftigung habe und ein besseres Auskommen als in Amerika finde. Ich bin 22 Jahre alt und Amerikaner Bürger nicht geworden, auch habe ich meiner Militärdienstpflicht noch keine Genüge geleistet, letzteres beabsichtige ich aber nach Eingang der Wiederaufnahme sofort zu thun. Ich habe nun kein weiteres Einkommen als den Verdienst bei meinem Vater, aus diesem Grunde bitte ich gehorsamst mir nur einen Stempel von 5 Mark zu berechnen. Mit Rücksicht auf mein Alter bitte ich um Beschleunigung, da ich gern sobald als möglich in das Militair eintreten möchte.
Salli Fürst«

◀ Nach seiner Rückkehr aus den USA stellte Salli Fürst einen Antrag auf Wiedereinbürgerung | Anfang 1901

45

▲ Salli Fürst (links) vor seinem Haus in Brooklyn New York – zusammen mit seiner Schwester Clothilde und deren Mann Julius Rosenbaum (Mitte), seiner Schwägerin Hedwig und deren Sohn Siegfried (Fred) | 1957

Sehr viel schwieriger als die Entlassung aus dem Staatsverband gestaltete sich die Wiederaufnahme. Trotz der durchgängig positiven Beurteilung des Antrages – der Landrat von Frankenberg bescheinigte, dass Salli Fürst ein stiller, ruhiger Mensch sei und politisch unverdächtig – sollte es noch Monate dauern, bis er eingebürgert wurde.

1905 wanderte Salli Fürst erneut in die USA aus und nannte sich Charles Feerst. Im New Yorker Stadtteil Brooklyn eröffnete er eine Bäckerei und heiratete die ein Jahr jüngere Jennie Gruneberg. Die Ehe blieb kinderlos.[3]

Den Kontakt zu seiner Familie verlor er nie. Für die vielen Verwandten, die während des Nationalsozialismus in die USA flüchten konnten, war Charles Feerst die erste Anlaufstelle in New York.

Benjamin und Johanne Keijzer in Menden

▲ Briefkopf Benjamin Keiser. Der holländische Name Keijzer wurde eingedeutscht.

Johanna Fürst wurde am 28. März 1881 in Frankenberg geboren. 1907 heiratete sie in Frankenberg den gebürtigen Holländer Benjamin Isaac Keijzer, der am 22. Oktober 1881 in Schoonhoven geboren wurde. Benjamin Keijzer stammte aus einer großen Kaufmannsfamilie, deren Mitglieder viele Textil- und Schuhgeschäfte in Deutschland betrieben.

Das Ehepaar zog zunächst nach Steinheim in Westfalen. Von Steinheim aus führte Benjamin Keijzer sein Geschäft »Confection und Schuhwaren« in Blomberg, Marktplatz 6.[1] Um 1910 zog das Ehepaar mit den Eltern von Johanna Keijzer, Falk und Florentine Fürst, von Steinheim nach Blomberg, in die Neue Torstr. 8.

▲ Marktplatz von Blomberg, rechts das Haus Marktplatz 6 mit dem Schriftzug »Kaufhaus B. Keiser« | um 1910

▼ Werbeannonce des Kaufhauses »B. Keiser« im Blomberger Anzeiger | Dezember 1912

▼ Johanna und Benjamin Keijzer (beide rechts) mit ihrem Neffen Herbert Fürst (Sohn von Johannas Bruder Hermann) und dessen Ehefrau Hete | um 1930

Anfang 1914 zogen Benjamin und Johanna Keijzer nach Menden im Sauerland und eröffneten dort ein Schuhgeschäft. Falk und Florentine Fürst lebten bis zu ihrem Tod bei Tochter und Schwiegersohn in Menden[2]. Die Ehe von Benjamin und Johanna Keijzer blieb kinderlos, doch sie bekamen oft Besuch von ihren Neffen aus Mönchengladbach und Hildesheim.

Der reichsweite Boykott gegen jüdische Kaufleute, Ärzte und Rechtsanwälte sollte am 1. April um 10:00 Uhr beginnen. Doch in vielen Orten begann diese »Aktion« schon Tage vorher, so auch in Menden. Auf dem Rathausplatz wurde eine Säule mit den Namen der jüdischen Geschäfte und dem Aufruf »Deutsche kauft nicht beim Juden!« aufgestellt. Am 28. und 29. März 1933 wurden alle jüdischen Geschäfte in Menden geschlossen und die Türen und Fenster mit Teer beschmiert. Betroffen war auch das Schuhgeschäft von Benjamin Keijzer, obwohl der Boykott sich nicht gegen ausländische Juden richten sollte. Als Benjamin Keijzer sich beschwerte, kam es zu einer hämischen Stellungnahme der NSDAP in der Mendener Zeitung:

»Von der NSDAP werden wir um Veröffentlichung folgenden Briefes gebeten:

›Abschrift‹

Menden, den 29. März 1933
Herrn Benjamin Keiser, Menden.
In Unkenntnis Ihrer niederländischen Staatsangehörigkeit sind die Abwehrmaßnahmen, die sich ausschließlich gegen das deutsche Judentum wenden, auch auf Sie angewandt worden. Der Aktionsausschuß steht nicht an zu erklären, daß er wegen Ihrer niederländischen Staatsangehörigkeit diese Maßnahme bedauert und stellt Ihnen anheim, Ihr Geschäft wie früher zu betreiben.
Ihr persönlicher Schutz und der Ihres Eigentums wird durch den Aktionsausschuß durch Aufstellung eines SA-Postens gewährleistet.«[3]

▲ In der Mendener Zeitung gibt Benjamin Keiser die Wiedereröffnung seines Schuhgeschäfts bekannt | 30. März 1933

▸ In der Mendener Zeitung empfiehlt das Schuhhaus Keiser Schuhe zur Erstkommunion | 8. April 1933

Seine niederländische Staatsangehörigkeit schützte Benjamin Keijzer jedoch nur bedingt. Bereits einige Tage später, am 3. April 1933, erschien in der Westfälischen Landeszeitung »Rote Erde«, dem amtlichen Blatt der NSDAP, unter der Überschrift »Die ersten Wirkungen des Boykotts«, ein Hetzartikel über die jüdischen Kaufleute in Menden:

»…Wie schon erwähnt, hat der Schuhjude Kaiser ausdrücklich betont, kein Deutscher zu sein. Wir hoffen, daß die Mendener Bevölkerung nun nachdrücklich für sich in Anspruch nimmt, Deutsche zu sein, nämlich insofern, daß man dem holländischen Juden Kaiser begreiflich macht, daß seine Rolle in der deutschen Geschäftswelt ausgespielt ist. Mag er also nach Holland wandern. Wir verzichten gerne auf ihn.«[4]

Zunächst ließ sich Benjamin Keijzer von den Drohungen und Verleumdungen nicht einschüchtern und schaltete weiter Anzeigen.

Doch in allen jüdischen Geschäften blieb in den nächsten Jahren die Kundschaft aus. Letztendlich musste das Ehepaar Keijzer das Schuhgeschäft verkaufen. Ende April 1936 zog es in die Niederlande – zunächst nach Utrecht und später nach Amsterdam.

Anfang Mai 1940 überfiel die deutsche Wehrmacht die Niederlande. Vielfältige Repressalien verschärften die Lebensbedingungen der niederländischen und der in die Niederlande geflüchteten Jüdinnen und Juden. Im Sommer wurde ihnen das Betreten öffentlicher Plätze untersagt und es galt eine Ausgangssperre. Jüdische Unternehmen wurden arisiert; Ende April 1942 musste jede Jüdin und jeder Jude in den Niederlanden ab dem sechsten Lebensjahr den »Judenstern« tragen.

Zur Vorbereitung der Deportationen wurden ab dem Januar 1942 alle niederländischen Jüdinnen und Juden zunächst nach Amsterdam verschleppt werden. Staatenlose Juden kamen direkt in das Durchgangslager Westerbork. Von dort gingen dann die Züge in die Vernichtungslager im Osten. Die erste Deportation erfolgte am 14. Juli 1942 nach Auschwitz. Insgesamt wurden fast 100.000 Jüdinnen und Juden von Westerbork aus deportiert.[5]

Unter ihnen waren auch Benjamin und Johanna Keijzer. Am 19. Mai 1944 wurden sie nach Auschwitz deportiert. Beide waren über 60 Jahre alt und wurden sehr wahrscheinlich gleich nach ihrer Ankunft am 21. Mai 1944 in den Gaskammern von Auschwitz ermordet.

Julius und Clothilde Rosenbaum in Hameln

▲ Clothilde Rosenbaum, geb. Fürst mit den Söhnen Heinz und Martin | um 1920

▲ Julius Rosenbaum während des Ersten Weltkriegs | Juni 1917

▶ Julius Rosenbaum während seines Einjährig-Freiwilligen Dienstes in Mannheim | um 1910

Clothilde Fürst wurde am 11. Mai 1888 in Frankenberg geboren. Mit 16 Jahren zog sie zu ihrem Bruder Hermann nach Hildesheim und begann eine Ausbildung zur Verkäuferin.[1] Anfang November 1910 arbeitete sie als Verkäuferin in einer Zweigstelle des Haushaltswarengeschäfts »Bazar Hermann Fürst« in Fulda. Ihr Bruder Max, mit dem sie in Fulda zusammenwohnte, leitete das Geschäft.[2]

Julius Rosenbaum wurde am 28. März 1889 in Horn, Kreis Detmold geboren. Nach Schulbesuch und der kaufmännischen Ausbildung absolvierte er den Einjährig-Freiwilligen Dienst beim Militär in Mannheim. Am 20. April 1913 heiratete er in Hildesheim Clothilde Fürst. Die beiden bekamen zwei Söhne: Martin wurde 1914 geboren, Heinz 1915.

▼ Frankenberger Zeitung | 26. April 1913

Als Clothildes Bruder Max nach Hannover ging, übernahm Julius Rosenbaum das Haushaltswarengeschäft Am Buttermarkt 17 in Fulda.

Im Ersten Weltkrieg kämpfte Julius Rosenbaum als Unteroffizier in Russland; für seinen Einsatz erhielt er das Eiserne Kreuz. Seine Frau Clothilde führte das Geschäft mit Unterstützung der großen Familie Fürst weiter.

▼ Julius Rosenbaum (links) schickte diese Feldpostkarte an Schwägerin Johanna und Schwager Benjamin Keijzer in Menden | 29. März 1917

Nach dem Ende des Ersten Weltkriegs gründete Julius Rosenbaum 1919 zusammen mit seinem Schwager Hermann Fürst in Hildesheim die Großhandelsfirma Rosenbaum & Co. für Glas, Kristalle und Porzellan, die er bis 1926 gemeinsam mit ihm führte.[3] Im Frühjahr 1920 übersiedelte die Familie dann von Fulda nach Hildesheim, wo der jüngste Sohn Kurt am 22. August 1921 geboren wurde. 1924 zog die Familie nach Hameln und Julius Rosenbaum eröffnete ein Porzellan- und Haushaltswarengeschäft in der Bäckerstr. 9.[4]

Der Kontakt zur Familie war eng, die Cousins besuchten sich gegenseitig in den Sommerferien.

▲ Martin und Kurt Rosenbaum aus Hameln mit ihrer angeheirateten Cousine Hedwig (Hede) Fürst aus Hildesheim | um 1928

▼ Kurt Rosenbaum, Günter und Heinz Berthold Fürst
in der Grütterstraße in Hameln | um 1930 [5]

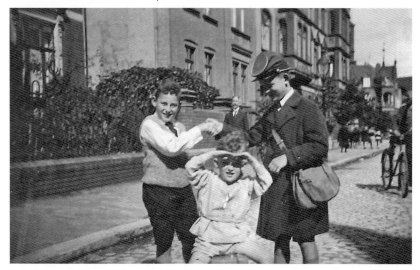

▲ Günter Fürst aus Gladbach vor dem Geschäft seines Onkels
Julius Rosenbaum in Hameln, Bäckerstr. 9 | um 1930

Im März 1933 fanden in Hameln gewalttätige Übergriffe auf jüdische Geschäfte und auf die Synagoge statt, und bereits am 13. März standen SA-Männer mit Schildern vor den Geschäften. Der Boykottaufruf am 1. April 1933 betraf auch Julius Rosenbaums Geschäft.

Durch die Boykottaufrufe gingen die Umsätze der jüdischen Geschäfte zurück, obwohl es auch Bürger gab, die sich nicht abschrecken ließen. 1935 kam es zu besonderen Schikanen: Namen von Kunden, die in jüdischen Geschäften einkauften, wurden in den sogenannten Stürmerkästen veröffentlicht und Schilder mit antisemitischen Parolen aufgestellt. Julius Rosenbaum und der vom Berufsverbot betroffene Rechtsanwalt Harry Binheim wandten sich daraufhin in mehreren Schreiben an den »Centralverein der deutschen Staatsbürger jüdischen Glaubens« und baten um Hilfe. Nach Erkundigungen und Besuchen in Hameln meldete der »Centralverein« die Vorkommnisse an den Regierungspräsidenten in Hannover. Es änderte sich wenig – die Situation für Juden in Hameln blieb weiterhin unerträglich.[6]

Am 6. August 1935 riss Heinz Rosenbaum ein Plakat der NSDAP von einem Toreingang ab. Daraufhin wurde der 20-Jährige vom Amtsgericht Hameln zu einem Monat Gefängnis verurteilt.[7]

◀ Großformatige Boykottanzeige in der Deister- und Weserzeitung Hameln vom 1. April 1933. Genannt werden die Namen und Adressen von 29 jüdischen Geschäftsleuten, Ärzten und Rechtsanwälten, unter ihnen »Rosenbaum, Bäckerstr.«

▲ Am 14. August 1935 berichtet die Deister- und Weserzeitung über die Verurteilung von Heinz Rosenbaum, ohne seinen Namen vollständig zu nennen.

▲ Vor dem Umzug nach Herford besuchte Kurt Rosenbaum (hinten links) die jüdische Schule in Hameln; hier mit Mitschülern und Mitschülerinnen und Religionslehrer Hans Weiss | um 1934

Im Dezember 1935 emigrierte Heinz Rosenbaum nach Palästina und von dort aus später in die USA. 1940 lebte er mit seinen Eltern und seinem jüngeren Bruder Kurt in New York und arbeitete als Büroangestellter.[8]

1935 waren von den 29 Geschäften, Firmen und Praxen, die in dem Boykottaufruf vom 1. April 1933 genannt worden waren, zwei Drittel geschlossen oder verkauft. Auch Julius Rosenbaum musste sein Geschäft verkaufen.[9] Mit seiner Ehefrau Clothilde und dem jüngsten Sohn Kurt zog er Ende 1935 nach Herford zu seinem Bruder Max. Kurt Rosenbaum ging im Januar 1936 in Vorbereitung auf die Auswanderung für knapp acht Monate zu einer Ausbildung nach Berlin.[10]

Im Oktober 1937 emigrierten Julius, Clothilde und Kurt Rosenbaum in die USA. Julius Rosenbaum arbeitete 1940 als Pförtner in einer Schule in New York. Später zog das Ehepaar nach Chicago.[11] Wann Martin Rosenbaum, der sich später Martin Roen nannte, in die USA emigrierte, ist nicht bekannt. Er starb dort in jungen Jahren an einem Herzinfarkt.[12]

Die Mitglieder der Familie Fürst, die inzwischen in den USA lebten, hielten engen Kontakt und besuchten sich gegenseitig.

◀ Berthold Fürst, Neffe Herbert und Schwager Julius Rosenbaum | 1971

◀ Louise (Liesel) Fürst, Clothilde (Tilde) Rosenbaum und Mildred Fürst, die zweite Ehefrau von Herbert | 1971

Julius Rosenbaum starb im November 1977 in Chicago; das Todesdatum seiner Ehefrau Clothilde ist nicht bekannt. Sohn Kurt starb am 27. November 2012 in Connecticut.[13]

◀ Von links: Unbekannt, Max Rosenbaum aus Herford, Neffe Kurt Rosenbaum aus Hameln, Hedwig und Herbert Fürst aus Hildesheim | um 1928

Familie Rosenbaum aus Herford

Julius Rosenbaums Bruder Max, geboren am 1. Dezember 1886 in Horn, war ein angesehener Kaufmann in Herford. Seit 1911 führte er ein Kaufhaus am Alten Markt 13 und gehörte dem Vorstand der jüdischen Gemeinde an.

Max Rosenbaum wurde in der Pogromnacht verhaftet und am 12. November 1938 in das KZ Buchenwald verschleppt. Nach schweren Misshandlungen wurde er am 29. November 1938 entlassen; sein Kaufhaus musste er verkaufen.[14] Max Rosenbaum emigrierte mit seiner Frau Bernhardine, geboren 1887 in Achim, und seinen beiden in Herford geborenen Söhnen, Hans (Jahrgang 1925) und Erich (Jahrgang 1926) im Februar 1939 nach New York. Seine Nichte Eleonore begleitete die Familie. Sohn Walter Rosenbaum, geboren 1912 in Herford, war bereits 1936 nach Palästina gegangen; von dort wanderte er 1952 in die USA aus.[15]

Berthold und Louise Fürst in Wiesbaden

▲ Walter und Hans Fürst

Berthold Fürst war das Jüngste der Geschwister Fürst. Er wurde am 13. März 1893 in Frankenberg geboren. Zum Zeitpunkt seiner Geburt war sein ältester Bruder Hermann bereits 19 Jahre alt. Im Alter von 14 Jahren zog Berthold von Frankenberg zu seinem Bruder Hermann nach Hildesheim, um bei ihm eine kaufmännische Lehre zu beginnen. Anfang November 1907 ging er zur weiteren kaufmännischen Ausbildung »auf Reisen«. Zwischen Februar 1910 und 15. Oktober 1912 absolvierte Berthold Fürst seinen Dienst beim Militär – wie seine Brüder zuvor.[1]

Während des Ersten Weltkriegs kämpfte er in Frankreich und kehrte Anfang November 1918 zu seinem Bruder Hermann nach Hildesheim zurück. Am 5. Mai 1920 heiratete er in Koblenz Louise Mayer, geboren am 22. März 1894. Das Ehepaar wohnte in Hildesheim, im Geschäfts- und Wohnhaus der Familie Hermann Fürst. 1921 wurde Sohn Walter geboren, 1924 folgte Hans (Harry).[2]

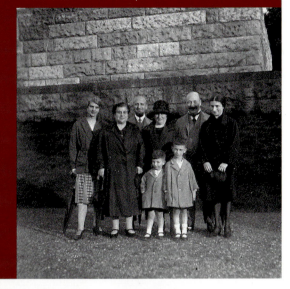

Am Hildesheimer Aussichtsturm. Von links: Kindermädchen, Hedwig Fürst, Max Rosenbaum aus Herford, Milly Wolff (eine Verwandte der Familie aus Detmold), Hermann Fürst, Louise (Liesel) Fürst, vorne: Hans und Walter | um 1927

Anfang November 1928 zog die Familie nach Wiesbaden. Berthold Fürst war zunächst Geschäftsführer des Haushaltswarengeschäfts Würtenberg, Neugasse 11, und ab Ende Juli 1932 der Alleininhaber. Außerdem war er ab Januar 1933 Mitgesellschafter einer Dotzheimer Tierfallenfabrik und unterhielt 1936 eine Vertretung für landwirtschaftliche Apparate, Haushaltsmaschinen und Haushaltsartikel.[3]

In den 1920er-Jahren veränderte sich das Leben in der einst weltoffenen Stadt Wiesbaden. Durch die Rheinlandbesetzung nach dem verlorenen Ersten Weltkrieg kamen kaum noch in- und ausländische Kurgäste, und es herrschte eine hohe Arbeitslosigkeit. Die Wiesbadener NSDAP verbreitete antisemitische Parolen, es kam zu Schmierereien an der Synagoge und zu offener Bedrohung gegen jüdische Bürger.

Nach der Machtübertragung 1933 wurden auch in Wiesbaden die jüdischen Geschäfte boykottiert. Bei brutalen Gewaltaktionen wurden jüdische Geschäftsinhaber von SA-Schlägertrupps umgebracht.

Für die jüdischen Kinder war die Situation in Wiesbaden sehr schwierig. Eine jüdische Schule gab es nicht, da sie von der liberalen jüdischen Gemeinde bislang als nicht notwendig erachtet worden war. 1933 beschloss die jüdische Gemeinde, eine Volksschule einzurichten; ihre Eröffnung zog sich allerdings noch zwei Jahre hin.[4]

Herbert, der Sohn von Hermann Fürst, und seine Frau Hete kümmerten sich liebevoll um ihre kleinen Cousins Hans und Walter | um 1928

Die Schikanen im Geschäft und die unsichere Schulausbildung der beiden Söhne, die in den öffentlichen Schulen immer stärker den antisemitischen Anfeindungen ausgesetzt waren, bewogen Berthold und Louise zur Auswanderung. 1936 begannen sie mit den Vorbereitungen für ihre Emigration in die USA. Louise Fürst reiste im September alleine zu ihrem Schwager Salli Fürst (Charles Feerst) nach New York. Wie lange sie dort blieb, ist unklar. Einen guten Monat später kam der 15-jährige Walter mit dem Schiff über das französische Cherbourg ebenfalls zu seinem Onkel nach New York. Der jüngere Sohn Hans wurde Anfang September 1936 vorsorglich zu seinem Onkel Hermann Fürst nach Hildesheim geschickt, wo er vermutlich die jüdische Volksschule besuchte. Im März 1937 emigrierten Berthold, Louise und Hans nach New York.[5]

Das Leben in den USA war nicht einfach. Der ehemalige Geschäftsinhaber Berthold Fürst, musste als Fahrstuhlführer in New York arbeiten. Der jüngere Sohn Hans (Harry) lernte Bäcker; Walter, der in Wiesbaden vermutlich noch das Gymnasium besucht hatte, wurde später Regierungsbeamter in Washington.[6] Während des Zweiten Weltkriegs wurden beide Söhne in die US-Armee eingezogen und in Deutschland eingesetzt.

Walter Fürst heiratete Barbara Griffith und bekam mit ihr Sohn Douglas. Harry Fürst heiratete am 30. Januar 1949 in New York die aus Eschwege stammende Margarete Romberg. Sie bekamen zwei Kinder: Sohn Richard und Tochter Robin.

▲ Louise (Liesel) und Berthold Fürst besuchten ihren Neffen Siegfried (Fred) und dessen Ehefrau Ruth in Kalifornien; von links: Ruth, Siegfried und Louise | 1964

Der Kontakt zu den Verwandten, auch zu denen in Deutschland, blieb immer bestehen. Zum 90. Geburtstag von Berthold Fürst reiste sein Neffe Helmut aus Hannover mit seiner Familie nach Dallas, Texas.

▲ Am 13. März 1983 feierte Berthold Fürst (vorne, Zweiter von links) in Dallas seinen 90. Geburtstag. Mit Ehefrau Louise wohnte er dort seit 1963.
Obere Reihe von links: Neffe Helmut Fürst aus Hannover, Bertholds Söhne Hans (Harry) und Walter sowie der Enkel Douglas (Sohn von Walter);
untere Reihe von links: Neffe Herbert, Jubilar Berthold, Neffe Siegfried (Fred) und Enkel Richard (Ricky), der Sohn von Hans (Harry).

Louise Fürst starb am 25. April 1989 in Dallas; Berthold folgte ihr ein Jahr später. Er starb am 19. März 1990, mit 97 Jahren, ebenfalls in Dallas.

Bertholds Sohn Harry und seine Ehefrau Margarete (Magie) versuchten immer wieder, mehr über die Geschehnisse während Zeit des Nationalsozialismus in Deutschland zu erfahren. Aber sowohl Harry's Eltern Berthold und Louise als auch sein Onkel und seine Tante Julius und Tilde Rosenbaum sprachen nicht über die Vergangenheit. Walter Fürst starb im Januar 2007 und wurde auf dem Nationalfriedhof Arlington, Virginia beigesetzt. Bruder Hans (Harry) starb nur ein paar Monate später im September 2007 in Dallas.[7]

Die Brüder Fürst im Ersten Weltkrieg

▲ Mobilmachung: Der 21-jährige Berthold Fürst | Anfang August 1914

Im Sommer 1914 begann der Erste Weltkrieg, der zunächst von der deutschen Bevölkerung begrüßt und gefeiert wurde. Die Rede von Kaiser Wilhelm II., die er mehrmals im August 1914 hielt und in der er die Einigkeit der Parteien, der Konfessionen und der Stände forderte, verfehlte ihre Wirkung nicht.

Die politischen Parteien stellten sich geschlossen hinter den geforderten »Burgfrieden« des Kaisers. Die Vorstellung eines kurzen, erfolgreichen Verteidigungskrieges, um die Heimat vor feindlichen Truppen zu schützen, wie es die Militärpropaganda verbreitete, führte zu massenhaften freiwilligen Meldungen zum Kriegsdienst. Auch viele Intellektuelle und Künstler schlossen sich in den ersten Kriegsmonaten dieser Euphorie einer nationalen Einheit an. Die Bevölkerung verabschiedete ihre Soldaten, die blumengeschmückt ausmarschierten mit Gesängen und der Gewissheit, sie zu Weihnachten siegreich heimkehren zu sehen.[1]

Auch die jüdischen Verbände und Organisationen stellten sich bedingungslos hinter den Kaiser und riefen alle Juden auf, Kaiser und Vaterland zur Seite zu stehen.

Aufruf jüdischer Verbände »An die deutschen Juden« in der Morgenausgabe des Hannoverschen Couriers vom 4. August 1941

»An die deutschen Juden.
Der Verband der deutschen Juden und der Zentralverein deutscher Staatsbürger jüdischen Glaubens erlassen gemeinsam folgenden Aufruf:
In schicksalsernster Stunde ruft das Vaterland seine Söhne unter den Fahnen.
Dass jeder deutsche Jude zu den Opfern an Gut und Blut bereit ist, die die Pflicht erheischt, ist selbstverständlich.
Glaubensgenossen! Wir rufen Euch auf, ü b e r d a s M a ß d e r P f l i c h t hinaus Eure Kräfte dem Vaterlande zu widmen! Eilet freiwillig zu den Fahnen! Ihr alle – Männer und Frauen – stellet euch durch persönliche Hilfeleistung jeder Art und durch Hergabe von Geld und Gut in den Dienst des Vaterlandes!«

Seit 1871 war die Gleichberechtigung der deutschen Juden in der Verfassung festgelegt, dennoch gab es – besonders auch beim Militär – starke antisemitische Tendenzen. Mit der Forderung des Kaisers nach einem »Burgfrieden« sahen die jüdischen Verbände eine Chance, ihre Loyalität und ihren bedingungslosen Patriotismus zu beweisen.[2] Schon vor dem Ersten Weltkrieg wurde auch in der Familie Fürst die Wehrpflicht der Söhne für unbedingt erwünscht und notwendig gehalten.

Söhne aus dem Besitz- und Bildungsbürgertum konnten sich zu einem einjährigen Militärdienst melden. Wenn sie für tauglich befunden wurden – dazu gehörte auch eine Aufnahmeprüfung –, hatten sie die Möglichkeit, sich ein Regiment auszusuchen. Sie absolvierten ihre militärische Grundausbildung in der Kaserne; danach konnten sie ein Privatquartier beziehen.

Voraussetzung für das Einjährig-Freiwillige Jahr war der Abschluss der 10. Realschul- oder Gymnasialklasse, und die Bereitschaft des Bewerbers, sämtliche Kosten für Ausrüstung und Unterhalt zu übernehmen. Das Angebot galt nur bis zum 25. Lebensjahr. Ab Mitte des 19. Jahrhunderts genoss der Absolvent eines Einjährig-Freiwilligen Dienstes hohe gesellschaftliche Anerkennung, und die anschließend mögliche Ausbildung zum Offizier bot einen Aufstieg in den höheren Stand.

Obwohl es im Militär einen starken Antisemitismus gab, war jüdischen jungen Männern der Zugang zum Einjährig-Freiwilligen Jahr nicht verwehrt. Anfangs wurden wenige Juden, die den Einjährigen Dienst erfolgreich absolviert hatten, noch zum Offizier befördert. Nach 1885 wurde entgegen der offiziell behaupteten Gleichberechtigung kein Jude mehr Offizier – mit Ausnahme im katholischen Bayern.[3]

63

Hermann Fürst, der Älteste der Brüder Fürst, begann im Oktober 1894 seine Einjährig-Freiwillige Ausbildung bei der Infanterie des deutschen Heeres in Ludwigshafen. Nach einem Jahr schloss er die Ausbildung zum Unteroffizier mit sehr guter Führung ab und verlängerte den militärischen Dienst um ein weiteres Jahr. Hermann Fürst wurde im September 1896 »zur Reserve« entlassen.[4]

Hermanns Bruder Isidor trat 1900 seinen Einjährig-Freiwilligen Dienst im 3. Hannoverschen Infanterie Regiment Nr. 73 in Hildesheim an und wurde ebenfalls zum Unteroffizier ausgebildet.[5] Max und Berthold Fürst beendeten ihre militärische Ausbildung als Gefreite.

Mit der Mobilmachung am 2. August 1914 wurden alle vier Brüder Fürst einberufen.

Max Fürst wurde mit 760 jüdischen Einwohnern Hannovers eingezogen.[6] Der junge Vater – sein ältester Sohn Heinz wurde am 27. Juli 1914 in Hannover geboren – diente von Ende September 1914 bis Anfang Januar 1919 als Gefreiter in der 12. Kompanie des Hannoverschen Reserve-Infanterie-Regiments 74. Er war ausschließlich an der Westfront eingesetzt und an Kämpfen im elsässischen Sennheim (dem heutigen Cernay) beteiligt.[7]

Einzige Kommunikation zwischen der Familie und den im Felde stehenden Söhnen waren die Briefe der Familien an die Soldaten und die Feldpostkarten, die die Soldaten schreiben durften.

▲ Auf der Rückseite der Feldpostkarte hatte Max Fürst (rechts) vermerkt: »Zum Andenken an Sennheim, November 1915. – Offizier Stellv. Fischer, Unteroffizier Singer, Unteroffizier Döring, Gefreiter Fürst«

▲ Feldpostkarte von Max Fürst (mit Pfeil) an seine Eltern Falk und Florentine Fürst, die zu dieser Zeit zu Besuch in Hildesheim waren | 11. Januar 1917

»Herrn F. Fürst – Hildesheim – Kurzerhagen12a
Abs. Gefr. Fürst 12/R74
Liebe Eltern,
anbei 1 kl. Bild von uns. Weihnachtsfeier. Hoffent. seid ihr Alle munter + gesund, was [ich] von mir auch mitteilen kann. Mit Gruß + Kuß verbl. Euer Max«

◀ Max Fürst wurde für seinen Einsatz an der Front das Eiserne Kreuz verliehen | undatiert

Jüdischen Soldaten war es möglich – wenn auch zeitlich und räumlich begrenzt – die religiösen Feiertage einzuhalten. Die militärische Führung sorgte gleich zu Beginn des Krieges dafür, dass neben den christlichen Seelsorgern auch Rabbiner eingestellt wurden. Max und Berthold Fürst, die beide in Frankreich eingesetzt waren, trafen sich überraschenderweise bei einem jüdischen Feldgottesdienst bei Verdun.[8]

Der jüngste der Brüder, Berthold Fürst, war als Gefreiter an der Front in Frankreich eingesetzt. Nach einer Verwundung kam er 1916 in ein vom deutschen Heer eingerichtetes Genesungsheim in Belgien. Gegen Ende des Krieges war Berthold Fürst beim Stabsoffizier des Vermessungswesens eingesetzt.

▲ Berthold Fürst (vorne links mit Kreuz) im Genesungsheim Kloster Malonne bei Namur in Belgien | Juni 1916

▲ Diese Feldpostkarte schickte der Gefreite Berthold Fürst an Schwester Johanna und Schwager Benjamin Keijzer in Menden | 16. Februar 1917

▼ Anlässlich des 15. Geburtstags seines Neffen Siegfried schickte der Gefreite Berthold Fürst (mit Kreuz) diese Postkarte an seinen Bruder Hermann in Hildesheim 2. September 1918

»Herrn H. Fürst – Hildesheim – Kurzerhagen12a – Prov. Hannover

Meine Lieben
Zum Jahrestag Siegfrieds sende [ich] euch allen die herzlichste Gratulation und besten Glückwünsche. Alles weitere mündlich, komme Ende nächste Woche (12.9.) nach dorten.
Auf frohes Wiedersehen, recht herzl. Grüße und Küsse Euer Berthold«

▲ Isidor Fürst in Ausgehuniform mit Pickelhaube | undatiert

Rechtsanwalt Isidor Fürst war von 1914 bis 1917 an der Westfront eingesetzt. Danach diente er bis November 1918 im 1. Rheinischen Landwehr-Infanterie-Regiment Nr. 25 als Jurist im Innendienst. Standort war Koblenz.

◀ Kopie einer Feldpostkarte von Hermann Fürst (in der Bildmitte mit Kreuz), die er von Northeim aus an seine Schwiegereltern Seelmann in Borbeck bei Essen schickte | 10. April 1915

»Herrn
Albert Seelmann
Borbeck
bei Essen a/d Ruhr

Meine Lieben!
Gestern wieder in H[ildesheim] und fand alle wohl und munter vor. Isi aus Coblenz war auch da. Hedwig thut es immer sehr leid, wenn ich wieder abdampfen muß, aber in diesen schweren Zeiten geht es nun mal nicht anders. Das beste dabei ist, daß das Geschäft Gottlob ganz gut geht. Vor lauter Arbeit vergißt Hedwig ihren Hermann, nur um die Schreiberei, da kann sie sich nicht auch noch kümmern u. ist das immer meine Sonntagsarbeit. Mit besten Grüßen an alle
Hermann«

Noch am 20. September 1935 wurde Isidor Fürst »Im Namen des Führers und Reichskanzlers« das Ehrenkreuz für Kriegsteilnehmer verliehen, das Reichspräsident von Hindenburg anlässlich des 20. Jahrestages des Kriegsbeginns 1914 für Frontsoldaten gestiftet hatte. Nach dessen Tod am 2. August 1934 ging die Verleihung an Reichskanzler Adolf Hitler über.[9]

Hermann Fürst wurde mit 40 Jahren im Februar 1915 eingezogen und zunächst mit seinem Bataillonsstab in Northeim stationiert.

Nach Kriegsende im November 1918 arbeitete Hermann Fürst noch mehrere Monate freiwillig für die Kommandantur in Hameln.

So kameradschaftlich wie es auf den Gruppenaufnahmen der Postkartenfotos scheint, war das Zusammenleben mit den christlichen Soldaten nicht unbedingt. Viele jüdische Soldaten mussten antisemitische Äußerungen, Beleidigungen und Vorurteile ertragen. Der »Burgfrieden«, der alle Parteien und Religionen im deutschen Heer zusammenhalten sollte, wurde zunehmend brüchiger. Bereits 1915, nachdem es viele Gefallene zu beklagen galt, die Situation an den zwei Fronten unsicher blieb und die Versprechung der militärischen Führung, dass Ende 1914 der Krieg gewonnen wäre, sich als haltlos erwies, trat der Antisemitismus in der Politik und auch innerhalb der Heeresleitung wieder verstärkt hervor.

Der Höhepunkt des Antisemitismus fand sich in dem Erlass des damaligen Kriegsministers Adolf Wild von Hohenborn vom 11. Oktober 1916, der an alle militärischen Dienststellen gerichtet war. Mit der sogenannten Judenzählung sollten alle jüdischen Soldaten erfasst werden, um nachzuprüfen, ob es unter den Juden eine besonders hohe Anzahl von »Drückebergern« gab. Vorausgegangen waren anonyme Beschuldigungen, die dem Kriegsministerium zugegangen waren.[10]

Was die jüdischen Soldaten angesichts der »Judenzählung« empfunden haben mögen, zeigt der Tagebucheintrag von Georg Meyer – Sohn des hannoverschen Landrabbiners Samuel Ephraim Meyer und promovierter Ingenieur –, der als Hauptmann und Batterieführer im 8. Bayerischen Feldartillerie-Regiment eingesetzt war:

»29.10.1916. Ich bekomme einen Haufen Befehle, darunter einen, der mich arg erregt. Der Kriegsminister hat, um dem Gerede zu begegnen, daß so viele Juden sich drücken, eine genaue Statistik angeordnet, wie viele jüdische Offiziere, Unteroffiziere und Mannschaften an und hinter der Front stehen, wie viel in Schreibstuben sind, wie viel gefallen sind und das E.K. 2 und 1 erhalten haben. Das nach 2 Jahren völliger Hingabe an unsere Heimat! Im Frieden würde ich den Abschied nehmen, jetzt muss ich natürlich erst recht aushalten. Der berühmte ›große Geist der großen Zeit‹ ist bald verschwunden, nicht im Heer, aber daheim, wo man sich mit solchen Nörgeleien zu quälen Zeit hat [...].«[11]

Georg Meyer, ausgezeichnet mit dem Eisernen Kreuz I. und II. Klasse, fiel am 15. Dezember 1916 bei Verdun. Die Brüder Hermann, Isidor, Max und Berthold Fürst hatten Glück: Sie kehrten aus dem Krieg weitgehend unversehrt nach Hause zurück.

Max und Else Fürst in Hannover

▲ Else, Max und Helmut Fürst im hannoverschen Tiergarten | 4. September 1927

Max Fürst wurde am 17. Juli 1883 in Frankenberg geboren. Nach Schulbesuch, Militärdienst und kaufmännischer Ausbildung zog er am 1. November 1910 mit seiner Schwester Clothilde nach Fulda, um für knapp drei Jahre das Zweiggeschäft seines Bruders Hermann zu leiten. 1913 ging er nach Hannover und meldete sich am 1. September 1913 in der Grupenstraße 19 an. Unter dieser Adresse eröffnete er den »Bazar Hermann Fürst«, ein Geschäft für Porzellan- und Glaswaren.[1]

Ende Oktober 1913 heiratete er in Kassel die am 23. Dezember 1884 in Gudensberg (Kreis Fritzlar) geborene Elise (genannt Else) Jacoby. Sie stammte ebenfalls aus einer Kaufmannsfamilie und war die Tochter von Seligmann (Selig) Jacoby und seiner Frau Hannchen.[2] Bis zu ihrer Hochzeit lebten Else und ihre jüngere Schwester Frida (geboren 1887 in Gudensberg) bei den Eltern in Kassel in der Moritzstraße 2. Nach der Hochzeit zog Else Anfang November 1913 zu ihrem Ehemann nach Hannover in das Haus Grupenstraße 19, das Wohn- und Geschäftshaus der Familie Max Fürst.[3]

Max Fürst hatte sich bei seiner Existenzgründung – im Gegensatz zu seinen Brüdern und Schwägern – für eine Großstadt entschieden. Aufgrund der Industrialisierung und der Ansiedlung großer Fabriken in der Stadt und im Umland war Hannover eine stetig wachsende Metropole: 1880 wurden 122.843 Einwohnerinnen und Einwohner gezählt, 1910 bereits 302.375. Anfang des 20. Jahrhunderts entstanden in Hannover die ersten Kaufhäuser mit großen Verkaufsflächen, die neben Luxuswaren auch industriell gefertigte Massenartikel günstig anboten. In der Innenstadt entstanden Flaniermeilen mit Geschäften aller Art. Um die Jahrhundertwende wurde das Straßenbahnnetz elektrifiziert und ausgebaut, so dass auch Kundinnen und Kunden aus dem hannoverschen Umland in die Innenstadt gelangen konnten. Trotz der guten Infrastruktur war es für Max Fürst ein großes Risiko, in Hannover ein neues Geschäft zu eröffnen: die Konkurrenz war sehr groß.[4]

▲ Für die erste August-Woche 1914 kündigte der »Bazar Hermann Fürst« im Hannoverschen Anzeiger einen Ausverkauf für »Porzellan, Steingut, Glas und Emaillewaren« an | 4. August 1914

▲ Blick in die Grupenstraße Richtung Karmarschstraße/Hauptbahnhof. Das Haus der Familie Fürst – Hausnummer 19 – ist auf der Postkarte nicht zu sehen; es stand auf der rechten Seite und war das fünfte Haus neben dem Handarbeitshaus Carl Buchheister Grupenstraße 24 | um 1915

Am 27. Juli 1914 kam Else und Max Fürsts erster Sohn Heinz zur Welt. Doch das junge Familienglück währte nicht lange. Anfang August 1914 begann der Erste Weltkrieg. Max Fürst wurde im September eingezogen und kehrte erst Anfang Januar 1919 nach Hause zurück. Else Fürst führte das Geschäft allein weiter. Unterstützung bekam sie von ihrer Schwester Frida, die bereits im Januar 1914 von Kassel nach Hannover umgezogen war und bis November 1919 als Verkäuferin im Geschäft mitarbeitete.[5] Von Februar 1917 bis Anfang 1918 lebten auch Elses Eltern, Johanna und Seligmann Jacoby, in der Grupenstraße. Danach zogen sie zurück nach Kassel.

Nachdem Max Fürst unversehrt aus dem Ersten Weltkrieg heimgekehrt war, änderte er das Sortiment des Geschäfts. Der Name »Hermann Fürst« blieb bestehen, das Beiwort »Bazar« fiel jedoch weg. Das Geschäft Fürst führte nach wie vor Glas- und Porzellanwaren, aber es kam eine Spielwarenabteilung hinzu, die jeweils zur Weihnachtszeit noch vergrößert wurde.

▼ Vier Wochen vor Weihnachten 1919: Die Spielwaren-Ausstellung wird eröffnet. Max Fürst inserierte einmal monatlich in den bekannten hannoverschen Tageszeitungen – wie hier im Hannoverschen Kurier | 28. November 1919

Die Verkaufsräume waren im Parterre untergebracht; im Zwischenstock befand sich ein Ausstellungsraum. Im ersten Stockwerk waren weitere Ausstellungsräume für Spielwaren und das Büro. Mit einem Lastenfahrstuhl konnten die Waren in die Lagerräume im 3. und 4. Stock gebracht werden. Etwa 20 Angestellte und Lehrlinge hatten feste Verträge; zur Weihnachtszeit wurden noch Hilfskräfte eingestellt. Auch Familienangehörige der großen Familie Fürst halfen zu besonders umsatzstarken Zeiten im Geschäft aus. Neben den Verkäuferinnen und Verkäufern gab es Büroangestellte und einen Fahrer für den Lieferwagen. Das Personal war sowohl jüdisch als auch christlich, Unterschiede gab es nicht. Max und Else Fürst und eine angestellte Kassiererin bedienten die Kasse.

Die Neun-Zimmer-Wohnung der Familie lag im zweiten Stock. Für den Haushalt stand Dienstpersonal zur Verfügung. Um den zweiten Sohn Helmut, geboren am 28. Juni 1922, kümmerte sich eine Krankenschwester. Später wurden für die beiden Söhne Heinz und Helmut Kindermädchen engagiert, wie es in gehobenen Mittelstandsfamilien üblich war.[6]

◄ Ende November 1930 kündigte Max Fürst im hannoverschen Anzeiger die ausdrücklich an die Kinder gerichtete Spielwarenausstellung »Des Kindes Weihnachtstraum« an | 30. November 1930

▲ Helmut Fürst mit Krankenschwester | um 1922

▲ 1926 waren Sally und Thekla Seelmann aus Chicago zu Gast in Hildesheim, um Sallys Schwester Hedwig und deren Mann Hermann Fürst zu besuchen. Aus Hannover reiste Hermanns Schwägerin Else mit ihren Söhnen an. Von links: Kindermädchen, Thekla Seelmann, Kindermädchen, Else Fürst, Sally Seelmann, vorne: Heinz und Helmut Fürst.

Helmut Fürst wurde in die Bürgerschule 1 in der Altstadt (Burgstraße 22) eingeschult und wechselte später – wie zuvor sein Bruder Heinz – auf das Goethe-Gymnasium für Jungen in der Goethestraße.

Max und Else Fürst waren anerkannte Kaufleute mit vielen jüdischen und christlichen Freunden. An den Sonntagen, an denen nicht gearbeitet wurde, machte man Ausflüge oder traf sich mit Verwandten. An den jüdischen Feiertagen besuchte die Familie die Synagoge. Helmut Fürst erinnert sich:

»Wir hatten einen guten jüdischen Haushalt, man ging zur Synagoge, wann man wollte, nicht jede Woche, aber feiertags und sonnabends, einige Male im Jahr […]. Es wurde koscher gegessen. […] Wir Jungen, mein Bruder und ich, wurden nicht dazu gezwungen. Was wir in der Hinsicht gemacht haben, war vollständig freiwillig. Aber es war normal, es gehörte eben dazu. Man hat eben Weihnachten keine Geschenke gekriegt, die bekam man zu Chanukka und Ostern war Pessach.«[7]

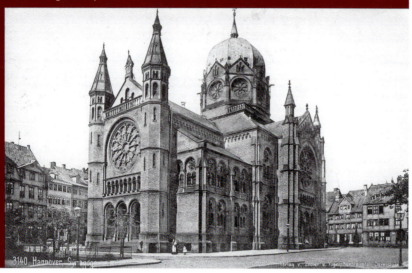

▸ Die von Edwin Oppler entworfene Neue Synagoge an der Bergstraße wurde 1870 eingeweiht | um 1900

Nach dem Ersten Weltkrieg war die jüdische Gemeinde Hannover noch immer die größte und einflussreichste Gemeinde in der Provinz Hannover. 1925 waren von 425.274 Einwohnern 5.523 Juden. Immer wieder kam es zu antisemitischen Ausschreitungen, vor allem gegen zugezogene Juden aus Osteuropa. Flugblätter mit antijüdischen Parolen wurden verteilt; die Synagoge wurde mit Hakenkreuzen beschmiert. Bereits 1921 gründete sich in Hannover die erste NSDAP-Ortsgruppe auf dem Boden des heutigen Landes Niedersachsen; und auch unter der hannoverschen Studentenschaft gab es eine breite Zustimmung zur völkischen Politik und einen starken Antisemitismus.[8]

Das Geschäft von Max Fürst stand schon kurz nach der Machtübertragung im Fokus einer Diffamierungskampagne der Nationalsozialisten. Die Umsätze gingen deutlich zurück, Angestellte mussten entlassen werden. 1934 wurde das Wohn- und Geschäftshaus in der Grupenstraße 19 zwangsversteigert. Den Zuschlag erhielt die Stadtverwaltung.[9]

Ende Juli 1929 hatte Max Fürst das Wohnhaus Bödekerstraße 39 in der List erworben, das er am 4. April 1934 an seinen Sohn Heinz übertrug.[10] 1935 zog die Familie von der Grupenstraße in eine Fünf-Zimmer-Wohnung mit Küche, Bad und Balkon im zweiten Obergeschoss der Bödekerstraße 39 um.[11]

Heinz Fürst

Nach dem Verkauf des Geschäfts in Hannover erwarb Max Fürst Anfang 1933 in Schöningen, Kreis Helmstedt, ein Haushalts- und Spielwarengeschäft. Die Vorbesitzerin war Jüdin. Der Name des Geschäfts – Kahlenberg & Co. – wurde beibehalten. Mit bis zu zehn Angestellten war es eines der größeren in Schöningen.[12] Max und Else Fürst waren nur einige Monate im Geschäft tätig, danach übernahm Sohn Heinz die Geschäftsführung.

Auch in Schöningen begannen die Schikanen bereits einige Tage vor dem reichsweiten Boykottaufruf vom 1. April 1933. Am 29. März 1933 standen SA-Posten vor den jüdischen Geschäften. Fensterscheiben wurden mit antisemitischen Parolen beschmiert und Kunden am Einkauf gehindert.[13] Daraufhin wandten sich im Juni 1933 sechs jüdische Kaufleute, unter ihnen Max Fürst, als Mitglieder des »Centralvereins deutscher Staatsbürger jüdischen Glaubens« an die Geschäftsstelle in Berlin, um gegen die Boykottmaßnahmen zu protestieren. Der Centralverein sah allerdings keine Möglichkeit, gegen die Schikanen etwas zu unternehmen.¹⁴

Im Laufe der Monate Juli und August 1935 fanden weitere antisemitische Kampagnen statt. Im Schöninger Anzeiger vom 2. August 1935 drohte die Stadtverwaltung Schöningen ihren Einwohnern:

»Keine Geschäfte mit Juden tätigen! Alle Kaufleute, Handwerker und sonstige Einwohner, die mit Juden irgendwie ein Geschäft tätigen oder für sie Arbeiten ausführen, werden bei der Vergebung von allen städtischen Arbeiten in Zukunft nicht mehr berücksichtigt. Beamte, Arbeiter und Angestellte der Stadt, die ihre Einkäufe in jüdischen Geschäften tätigen oder sonst irgendwie mit jüdischen Personen in Verbindung stehen, werden fristlos entlassen.«¹⁵

Wenige Tage später, am 14. August 1935, wurde Heinz Fürst in seinem Geschäft von SS-Männern schwer misshandelt und in das Braunschweiger Kreisgefängnis Rennelburg eingeliefert. Nach sechs Wochen, am 25. September, wurde er entlassen. Das Haushaltswarengeschäft musste zwangsverkauft werden.¹⁶

▲ In der Schöninger Zeitung wurde zum Boykott gegen jüdische Geschäfte aufgerufen, auch gegen »Fürst & Co., Inhaber der Firma Kahlenberg & Co., Haushaltungsgegenstände, Spielwaren usw. Birmarckstraße, Ecke Prinzenstraße, Vollblutjuden […] Es widerspricht dem Empfinden der deutschen Volksgenossen und erst recht der Parteigenossen, bei Juden ihre Einkäufe zu tätigen oder sich von ihnen bedienen zu lassen.« | 17. Juli 1935

▲ In der Schöninger Zeitung gab der neue Besitzer die Übernahme des Geschäfts von Heinz Fürst bekannt. Fürst hatte es unter dem Namen der Vorbesitzerin »Kahlenberg & Co.« weitergeführt | 4. September 1935

Heinz Fürst sah für sich in Deutschland keine Zukunft mehr. Im September 1936 fuhr er auf dem Schiff »Giulio Castle« nach Südafrika. Die erforderliche Bürgschaft übernahm Dr. Hans Rosenbaum aus Johannesburg, vermutlich ein Verwandter seines Onkels Julius aus Hameln.[17] Südafrika empfing die jüdischen Einwanderer keineswegs mit offenen Armen. Im Laufe der Jahre hatte sich ein ständig wachsender Antisemitismus unter der weißen Bevölkerung gebildet, der seinen Ursprung bei den rassistischen burischen Nationalisten hatte, die mit den Nationalsozialisten in Deutschland sympathisierten. Dennoch war Südafrika aufgrund seiner guten Wirtschaftslage, der liberalen Einreisebestimmungen und der außerordentlichen Hilfe der lokalen jüdischen Hilfskomitees ein begehrtes Auswanderungsland.

Im September 1936 beschloss die südafrikanische Regierung, die Einwanderungsbedingungen zum 1. November drastisch zu verschärfen: Anstelle der Bürgschaft sollte jeder Flüchtling bei der Einreise 100 Pfund Sterling bar vorzeigen. Das war nahezu unmöglich, da die Flüchtlinge aus Deutschland nicht mehr als 10 Reichsmark Devisen mit sich führen durften. Das letzte Schiff, das am 26. Oktober 1936 mit 540 jüdischen Immigranten aus Deutschland in Kapstadt ankam, war die »Stuttgart«. Unter dem Protest von fast tausend Burenanhängern gingen die Flüchtlinge von Bord. Bis auf Ausnahmegenehmigungen für den Zuzug von Familienangehörigen war die Emigration nach Südafrika ab 1937 kaum noch möglich. Insgesamt gelangten ungefähr 6.500 jüdische Deutsche nach Südafrika.[18]

Heinz Fürst hatte – wie alle Neuankömmlinge – zunächst Schwierigkeiten mit dem beruflichen Einstieg. Am 13. Januar 1937 schrieb er an seine Familie in Hannover:

»Meine Lieben! Hoffentlich geht es euch gut, was [ich] von mir auch berichten kann, hier ist es in Bezug auf Anstellungsmöglichkeiten für mich recht schwer. – Trotzdem aber dürfte es mir möglich sein, durch Annahme einer, zwar recht bescheidenen bezahlten Stellung, das zum Leben Notwendigste zu verdienen.«[19]

Trotz der Anfangsschwierigkeiten gelang es den deutschen Flüchtlingen, sich wirtschaftlich und sozial zu integrieren. Heinz Fürst arbeitete später als Manager und heiratete die ebenfalls aus Deutschland stammende Hede Bing. Noch vor 1945 nahm er die südafrikanische Staatsangehörigkeit an.

▲ Hede Fürst, die Söhne Manfred (Manni) und Reginald (Reggie) und Heinz Fürst in Kapstadt | um 1950

Helmut Fürst

Für Helmut Fürst, den jüngeren Bruder von Heinz, änderten sich mit der Machtübertragung an die Nationalsozialisten und den damit verbundenen offenen Schikanen gegenüber Juden die Lebensumstände schon als Kind drastisch. Am Goethe-Gymnasium, das er drei Jahre lang ohne Probleme besucht hatte, herrschte ab 1933 eine deutlich antisemitische Atmosphäre. Im April 1933 bereitete die Deutsche Studentenschaft eine Aktion in allen deutschen Universitätsstädten vor, die sich gegen »undeutsche« Bücher und Schriften richtete. In Hannover fand diese Sammelaktion Anfang Mai statt. Das Goethe-Gymnasium war eine der Sammelstellen für beschlagnahmte Bücher, die am 10. Mai 1933 in Hannover an der Bismarcksäule verbrannt wurden.[20] Helmut Fürst erinnert sich:

»1933 habe ich dann die Oberschule gewechselt. Das ging nicht mehr. […] Man wurde laufend angeekelt von Heil Hitler sagen und nicht Heil Hitler sagen. Hat man es nicht gesagt, wurde man angemeckert und hat man es gesagt: ›Du Jude, du darfst es nicht.‹ Also, wie man es machte, machte man es verkehrt.« [21]

Vom Goethe-Gymnasium wechselte Helmut Fürst zur Hansa-Gildemeister-Schule, einer höheren Privatschule für Jungen in der Hedwigstraße 13. 1936 verließ er die Schule noch vor der Mittleren Reife, um ein Handwerk zu erlernen:

»Was mich betraf, war jedenfalls klar, dass ich mit meinem wenigen kaufmännischen und schulischen Wissen im Ausland nur die Chance haben würde, eine bessere Hilfskraft zu werden und nicht mehr. Unsere Verwandten in Amerika, in New York, haben gesagt: ›Der Helmut muss etwas lernen!‹ Daraufhin bin ich hier, obwohl ich ja als Jude offiziell nirgendwo lernen durfte, trotzdem heimlich bei einem Elektromeister untergekommen. Das war zwischen 1936 und 1937.« [22]

Durch Beziehungen seiner Eltern und gegen Bezahlung konnte Helmut Fürst als Volontär bei einem – nichtjüdischen – Elektro- und Radiohändler in der Nähe des Engelbostler Damm ein Jahr lang arbeiten.[23] Ab September 1938 hatte er die Möglichkeit, bei einer jüdischen Elektrofirma in Breslau seine Ausbildung weiterzuführen. Kurz vor der Pogromnacht am 9./10. November war Helmut Fürst zu Besuch bei seinen Eltern in Hannover:

»In der Bödekerstraße wohnten einige jüdische Familien, von denen wurden in jener Nacht zahlreiche Männer verhaftet. Sie kamen dann aber später fast alle wieder. Man hatte sie damals für vier oder sechs Wochen nach Buchenwald gebracht. In unser Haus jedoch kam niemand und keiner hat es kontrolliert. Da wohnten mein Vater und ich, die Familie Nelke und noch zwei jüdische Familien. Ich bin dann weggefahren. Meine Eltern sagten: ›Schnell, setz dich in die Bahn und fahr nach Breslau, dann wirst Du wenigstens hier nicht verhaftet!‹ Dass keiner ins Haus kam, das konnte ja keiner glauben. Aber nach zwei Tagen war man sich dann sicher: Die hatten unser Haus vergessen.« [24]

▲ Die brennende Synagoge in Hannover | 9./10. November 1938

Helmut Fürst vermutete, dass der im Nebenhaus wohnende Gestapoangestellte Friedrich Wilhelm Nonne seinen Einfluss geltend gemacht hatte, da er keine Unruhe in seiner unmittelbaren Nachbarschaft haben wollte.25 Helmut Fürst folgte dem Rat seiner Eltern und setzte sich nach Breslau ab:

»Ich bin dann nach Breslau gefahren. Dort war der Mann aus der Familie, bei der ich wohnte, auch schon verhaftet worden. Aber ich kam ja, sagen wir einmal, zu spät dort an, damit sie mich auch noch hätten mitnehmen können. Denn während der 24 Stunden, in denen das alles passierte, war ich noch unterwegs.«26

Die Ausbildung in Breslau endete Ende Januar 1939. Es schloss sich ein dreimonatiger Lehrgang für Autoelektronik in Berlin an. Vermutlich fand die Ausbildung in der Holtzendorff Garage in der Heilbronner Straße in Berlin West statt. Helmut Fürst lernte das Reparieren von Lichtmaschinen und Autoanlassern – ein Wissen, das ihm später das Leben rettete.

Familie Salli und Frida Stern

Die Schwester von Else Fürst, Frida Jacoby, heiratete am 4. Februar 1921 den Kaufmann Salli Stern, geboren 1889 in Zwesten. Salli Stern übernahm das Fuldaer Geschäft »Bazar Fürst« am Buttermarkt 17, das zuvor von Julius Rosenbaum geführt wurde. Die Eltern von Else und Frida, Seligmann und Hannchen Jacoby, wohnten bei Tochter und Schwiegersohn in Fulda. Else und Salli bekamen vier Kinder: Norbert, Ilse, Margot und Walter.27

Im Zuge des Novemberpogroms 1938 wurden Salli Stern und der 17-jährige Norbert in »Schutzhaft« genommen und im Gerichtsgefängnis Fulda inhaftiert. Anfang Dezember wurden beide entlassen. Nach der Inhaftierung von Schwiegersohn und Enkel zog der inzwischen verwitwete Seligmann Jacoby (geboren 1861 in Fürstenau) Ende 1938 zu seiner Tochter Else Fürst nach Hannover.

Familie Stern zog zunächst von Fulda nach Hamburg, vermutlich um Auswanderungsvisa zu bekommen. Anfang September 1939 kamen sie, ohne den ältesten Sohn Norbert, nach Hannover und wohnten bei ihren Verwandten in der Bödekerstraße 39. Die 16-jährige Tochter Ilse arbeitete im jüdischen Krankenhaus in der Ellernstraße 16. Am 17. März 1940 konnten Salli und Frida Stern mit allen Kindern nach Punata in Bolivien emigrieren.[28]

Bolivien war eines der ärmsten Länder Südamerikas. Dennoch nahm es zwischen 1938 und 1940 ungefähr 7.000 jüdische Immigranten aus Deutschland und Österreich auf. Die Regierung erhoffte sich, dass die Flüchtlinge mit ihren beruflichen Fähigkeiten besonders in den ländlichen Gegenden zu einer besseren wirtschaftlichen Entwicklung Boliviens beitragen könnten. Doch nur wenige Juden, die nach Bolivien flüchteten, konnten eine landwirtschaftliche oder handwerkliche Ausbildung vorweisen. Die meisten Emigranten zogen ein Leben in den großen Städten Boliviens vor oder wollten – soweit es möglich war – möglichst schnell in andere Länder wie Argentinien oder in die USA weiterreisen. Im ländlichen Punata, in das die Familie Stern ziehen sollte, gab es in den 1940er-Jahren lediglich 15 jüdische Familien.[29] Ob Familie Stern hier blieb oder in ein anderes südamerikanisches Land weiterzog, ist nicht bekannt. Der älteste Sohn Norbert Stern lebte in den 1950er-Jahren in England.[30]

Ende April 1939 kehrte der 16-jährige Helmut Fürst von seinem Lehrgang in Berlin nach Hannover zurück. Ab Oktober 1938 waren alle arbeitsfähigen jüdischen Männer zum »Geschlossenen Arbeitseinsatz« verpflichtet; Helmut Fürst musste für die Hannover-Braunschweigische Stromversorgungs-AG (HASTRA) arbeiten, sein Verdienst betrug wöchentlich 35,- RM brutto.

»Wir sind jeden Morgen um 6 Uhr in die Straßenbahn vom Lister Platz, dann zum Kröpcke. Am Kröpcke kam die 11, die nach Hildesheim fuhr. Wir waren zu Tiefbauarbeiten, zum Schaufeln eingeteilt. Es waren auch Schweißer dabei. Sie hatten ja ihre eigenen Leute. Es waren ungefähr 30 Angestellte in Rethen. Wir waren mehr oder weniger ungelernt, fünf Juden aus Hannover und alle aus dem Raum Jacobistraße, Lister Platz. […] Es waren sehr kalte Winter. Die Gleise sind z. B. gerissen. Dann kamen Fachleute, und wir mussten helfen, die alten Schienen herauszuholen und neue einzusetzen.«[31]

Im April 1941 musste Helmut Fürst wegen einer ärztlichen Untersuchung nach Hamburg fahren. Seine Eltern hatten sich – wenn auch spät – für eine Auswanderung entschieden. Sein Meister in Rethen gab die Abwesenheitsentschuldigung nicht weiter. Als Helmut Fürst zurückkam, erhielt er eine Vorladung zur Gestapo.[32]

»Bremer und auch Nonne haben sich ganz besonders dadurch hervorgetan, dass sie mich in ganz roher Weise misshandelt haben. Ich wurde mit Knüppel auf dem Rücken und auf das Gesäß geschlagen. Von diesen Misshandlungen waren grobe Spuren noch tagelang vernehmbar. Ich war etwa 14 Tage dort in Untersuchungshaft und wurde in sadistischer Weise gequält und misshandelt. Immer wieder war es der Bremer, der sich bei dieser Schlägerei ganz besonders hervortat.«[33]

In der Anzeige hieß es, Helmut Fürst habe mehrere Tage unerlaubt bei der Arbeit gefehlt. Vom Untersuchungsgefängnis in der Hardenbergstraße kam Helmut Fürst für drei Wochen in das Arbeitserziehungslager Liebenau bei Nienburg/Weser.

Arbeitserziehungslager wurden von der Gestapo eingerichtet, um die deutschen, aber vor allem die ausländischen Zwangsarbeiter, zu disziplinieren. Fast alle Arbeitserziehungslager wurden bei einem von der Zwangsarbeit profitierenden Unternehmen eingerichtet. Ab 1940 gab es über 200 Arbeitserziehungslager im Reichsgebiet und in den besetzten Gebieten. Hauptgründe für die Einweisungen waren: Verlassen des Arbeitsplatzes, Diebstahl, »Arbeitsbummelei«. Die meisten Einweisungen erfolgten durch die Meldung der jeweiligen Betriebe an die örtliche Polizeistelle, die dann die Stapostelle verständigte. In allen Arbeitserziehungslagern war die Verpflegung schlecht; dazu kamen verschärfte Arbeitsbedingungen und Misshandlungen seitens des Wachpersonals.[34]

Im Arbeitserziehungslager Liebenau mussten die Häftlinge in der von der Fa. Wolff & Co. betriebenen Pulverfabrik arbeiten. Harte körperliche Arbeit war an der Tagesordnung, wie auch Misshandlungen und ständiger Hunger. Nach dreiwöchiger Haft kam Helmut Fürst wieder an seinen Arbeitsplatz bei der HASTRA zurück.

Da Max Fürst keine Einkünfte mehr hatte, ging es Max und Else Fürst finanziell immer schlechter. Bis Oktober 1938 durfte er das Mietshaus Bödekerstraße 39 noch alleine verwalten, danach wurde vom Oberfinanzpräsidenten ein Verwalter, Mitglied der Deutschen Arbeitsfront, bestellt. Nach Abzug der Instandhaltungskosten und Kreditabzahlungen gingen die Mieteinnahmen auf ein Sonderkonto, auf das Max Fürst aber keinen Zugriff mehr hatte.

Mitte 1939 konnte Max Fürst die Miete von 55 RM nicht mehr aufbringen, da sein Jahreseinkommen nur noch 669 Reichsmark betrug. Er musste bei einer hannoverschen Firma, vermutlich im Büro, arbeiten.[35] Sein Sohn Heinz in Johannesburg, als Eigentümer des Mietshauses, bat am 24. Juni 1939 den Verwalter Meyer schriftlich, seinen Eltern die Wohnung »ohne Vergütung zu überlassen«.[36]

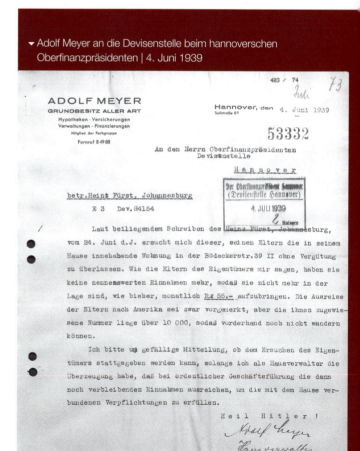

▼ Adolf Meyer an die Devisenstelle beim hannoverschen Oberfinanzpräsidenten | 4. Juni 1939

Der Oberfinanzpräsident Hannover erklärte sich einverstanden, dass Max und Else Fürst ab 1. Juli 1939 unentgeltlich in der Bödekerstraße 39 wohnen dürften, »unter der Voraussetzung, daß die übrigen Mieteinnahmen für das oben bezeichnete Grundstück zur Deckung der nötigen Ausgaben ausreichen«.[37]

Nicht nur die Verwandten von Max und Else Fürst – wie Elses Schwester Frida Stern mit Familie aus Fulda – fanden Aufnahme in der Bödekerstraße 39. Das »Gesetz über die Mietverhältnisse mit Juden« vom 30. April 1939 eröffnete nichtjüdischen Vermietern die Möglichkeit, jüdischen Mietern zu kündigen; in solchen Fällen konnte die Stadtverwaltung von jüdischen Vermietern verlangen, diese als Mieter aufzunehmen. Auch Max Fürst nahm ab 1939 einige jüdische Familien in seinem Mietshaus auf.[38]

Anfang September 1941 startete die »Aktion Lauterbacher« – benannt nach ihrem Initiator Hartmann Lauterbacher, seit 1940 Gauleiter Südhannover-Braunschweig und seit 1941 Oberpräsident der Provinz Hannover. Im Zuge der maßgeblich von der Mobilmachungsabteilung der Stadt Hannover organisierten Aktion mussten über 1200 jüdische Männer, Frauen und Kinder innerhalb von nur zwei Tagen ihre Wohnungen verlassen und in eines der 15 im hannoverschen Stadtgebiet liegenden »Judenhäuser« umziehen. Nur wenige Möbelstücke und Kleidung durften mitgenommen werden. Die Lebensbedingungen in den Häusern waren katastrophal.

Max, Else und Helmut Fürst sowie Elses 80-jähriger Vater Seligmann Jacoby wurden in das »Judenhaus« An der Strangriede 55 zwangseingewiesen. Das »Haus« waren die Predigthalle des jüdischen Friedhofs in der hannoverschen Nordstadt und ein Nebengebäude. Sie durften lediglich ihre Betten, Stühle und eine Kommode mitnehmen. Gestattet waren außerdem Bettzeug und -wäsche, ein wenig Geschirr und Koffer mit Kleidungsstücken. Ein Teil des Mobiliars war bereits für die Auswanderung in sogenannte Lifts verpackt worden, die restliche Einrichtung blieb in der Wohnung zurück, wurde später beschlagnahmt und versteigert.[39]

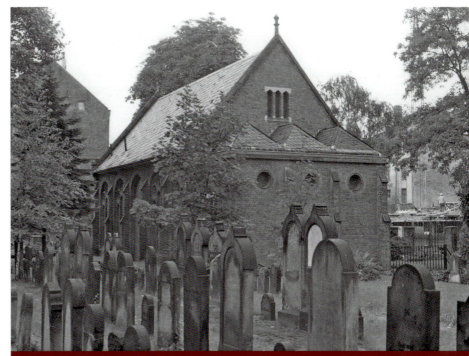

▲ Die Predigthalle auf dem jüdischen Friedhof An der Strangriede 55 wurde Anfang September 1941 zum »Judenhaus« | undatiert

»Wir sind dann aus den Wohnungen – innerhalb von 48 Stunden mussten wir die verlassen - und kamen in diese sogenannten hannoverschen Judenhäuser. Meine Eltern und ich kamen dann in die Strangriede, auf dem alten Friedhof in Hannover. Und wir lebten dort oben im 1. Stock mit 50, 80 Personen. In der Totenhalle waren noch mal 100 [..]. Wir konnten morgens noch zur Arbeit gehen und mussten dann abends [...] zuhause sein [...] Die Unterbringung war katastrophal, die sanitären Anlagen waren ja vielleicht für sechs Menschen vorgesehen [...] und in der Halle war gar keine Toilette.«[40]

Im April 1941 hatten Max, Else und Helmut Fürst die Visa für ihre geplante Emigration in Hamburg beantragt. Von der Steuerkasse Hannover und von der Synagogengemeinde Hannover wurden am 10. Juni 1941 Unbedenklichkeitsbescheinigungen für die Ausreise ausgestellt. Noch nach dem Zwangsumzug in das »Judenhaus« auf dem jüdischen Friedhof war die Hoffnung vorhanden, doch noch emigrieren zu können. Zumindest für Helmut Fürst wurde eine baldige Ausreise, wenn auch mit unbekanntem Ziel, in Aussicht gestellt.

Am 28. September 1941 stellte Helmut Fürst eine Umzugsgutliste zusammen und beantragte bei der Devisenstelle des Oberfinanzpräsidenten die Bewilligung, seinen aufgelisteten Besitz, der hauptsächlich aus Kleidung bestand, mit ins Ausland zu nehmen. Einige Kleidungsstücke wurden von der Mitnahme ausgeschlossen, darunter auch ein Paar Schaftstiefel, das er an eine Dienststelle der NSDAP abliefern sollte.

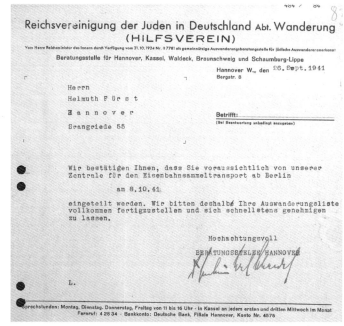

▲ Am 26. September 1941 teilt die Reichsvereinigung der Juden in Deutschland Helmut Fürst mit, dass er voraussichtlich für einen Eisenbahnsammeltransport am 8. Oktober ab Berlin eingeteilt wird.

Auch Max und Else Fürst erhielten am 28. Oktober 1941 die Benachrichtigung der »Reichsvereinigung der Juden in Deutschland«, dass ihre Auswanderung nach Kuba kurz bevorstehe. Der vom Reichssicherheitshauptamt einige Tage zuvor – am 23. Oktober 1941 – herausgegebene geheime Erlass, dass die Auswanderung von Juden aus Deutschland ausnahmslos für die Dauer des Krieges verboten sei, war der Reichsvereinigung zu diesem Zeitpunkt noch nicht bekannt.

▲ Oberfinanzpräsident, Devisenstelle Hannover, an Helmut Fürst | 3. Oktober 1941. Am 9. Dezember 1941 – sechs Tage vor der Deportation nach Riga – vermerkte ein Mitarbeiter der Devisenstelle: »1.) Auswanderung kann vorläufig nicht stattfinden, daher 2) z.d.A. [zu den Akten] Helmut Fürst«.

▲ Mit Schreiben der Reichsvereinigung der Juden in Deutschland vom 28. Oktober erfährt Max Fürst, dass er vorsorglich für einen Eisenbahngruppentransport zwischen dem 3. Und 6. November vorgemerkt sei.

Wie gefordert, stellten Max und Else Fürst umgehend einen Antrag auf Mitnahme ihres Umzugsgutes und listeten alle Haushaltsgegenstände und jedes Kleidungsstück akribisch auf. Nach Prüfung der »Frachtstückliste« verbot die Devisenstelle die Mitnahme eines Akkordeons. Es sollte vor der Auswanderung verkauft und der eingenommene Betrag der Devisenstelle mitgeteilt werden. Am 4. November 1941 erging die Aufforderung an Max Fürst, die »Dego-Abgabe« – die für die Mitnahme seines Eigentums ins Ausland festgelegten 160 RM – an die Deutsche Golddiskontbank zu überweisen.[41]

Doch zur Emigration nach Kuba oder in ein anderes Land kam es nicht mehr. Am 12. oder 13. Dezember 1941 wurden Max, Else und Helmut Fürst zur Deportationssammelstelle auf das Gelände der Israelitischen Gartenbauschule Ahlem gebracht. Sämtliche Wertgegenstände, die sie noch besaßen, wurden ihnen abgenommen. Sie durften lediglich ihre Handkoffer mit Kleidungsstücken behalten. Die Einrichtung ihrer großen Wohnung wurde versteigert und das Bankguthaben, das für die Zwangsauswanderung vorgesehen war, eingezogen. Auch das Haus Bödekerstraße 39 verfiel mit § 3 der Elften Verordnung zum Reichsbürgergesetz vom 25. November 1941 dem Deutschen Reich.[42]

Am 15. Dezember 1941 wurden Max, Else und Helmut Fürst mit weiteren 998 Menschen von Hannover in das Ghetto Riga in Lettland deportiert:

»*Wir sind morgens früh geweckt worden, zum Abmarsch sich bereit zu halten und sind dann auf Lastwagen zum Bahnhof Fischerstraße gefahren worden. Dort stand ein leerer langer Zug, alles Personenwagen, keine Güterwagen. Wir mussten uns in die Abteile begeben; man konnte sich ziemlich so setzen wie man wollte, also Freunde und Familien zusammen. War natürlich eine ziemliche Aufregung an den Gleisen, nicht nur von unseren Leuten, sondern auch von der Gestapo, von den SS-Leuten, Reichsbahnleuten, Polizei – alles war da. Uns war der Ort nicht bekannt, wohin wir gebracht werden sollten. [...] Der Zug fuhr dann nach 2–3 Stunden ab und es ging dann Richtung Osten.*«[43]

Zurück blieb der Vater von Else Fürst, Seligmann Jacoby. Vom »Judenhaus« An der Strangriede kam er am 9. Juli 1942 in das Alten- und Pflegeheim Langenhagen. Am 23. Juli 1942 wurde der 81-Jährige nach Theresienstadt deportiert. Er starb dort am 12. März 1945.[44]

Deportation nach Lettland

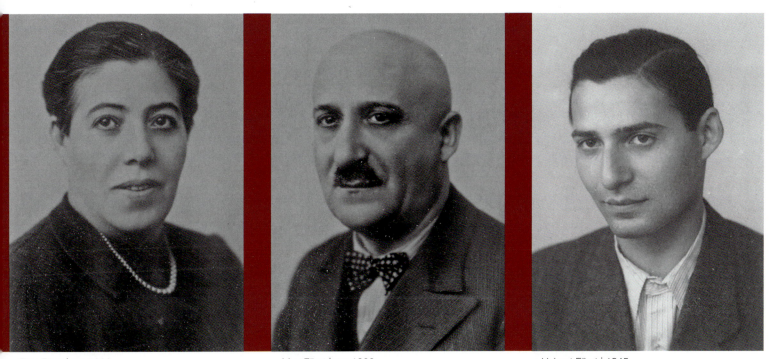

▲ Else Fürst | um 1930   ▲ Max Fürst | um 1930   ▲ Helmut Fürst | 1945

Max, Else und Helmut Fürst hatten – wie alle hannoverschen Deportierten – keinerlei Informationen über das Ziel der langen Fahrt, die immer weiter nordostwärts ging und ungefähr zwei Tage dauerte. Nach Erreichen der Reichsgrenze wurden die Heizung abgestellt und die Fenster verhüllt. In einigen Abteilen wurden Chanukkakerzen angezündet. Die Bahn hielt schließlich nachts am Güterbahnhof Skirotava, drei Kilometer von Riga entfernt. Erst am Morgen wurden die Waggontüren geöffnet. Es war bitterkalt, die Straßen waren vereist:

»Es ging nach Osten, nach Nordosten. Richtig gemerkt haben wir es erst ab Königsberg und Danzig, dass es zum Norden ging. Dann kamen wir nach Litauen und dann Richtung Riga. Da kamen wir abends im Dunkeln an. Es durfte keiner aussteigen. Morgens stand schon die SS da und dann wurden wir ausgeladen. Das war ein ganz anderer Ton auf einmal.
Es war ein großes Ghetto, alles abgezäunt. Es war ja ein Teil der Altstadt von Riga, in dem das Ghetto war, also alte Häuser. In den Wohnungen waren die Tische manchmal noch gedeckt in der Küche. Da haben sie die Juden ein paar Tage vorher zum Erschießen herausgeholt. Dadurch sind wir auch in den ersten Tagen zu einigen Lebensmitteln gekommen, weil die Leute was

dagelassen hatten. Der Winter 1941 war sehr kalt. Ich war ja nur zwei oder drei Tage im Ghetto und bin dann nach Salaspils gekommen, ein Arbeitslager.«[1]

Lettland war von 1918 bis 1940 ein unabhängiger Staat, bis es von der Sowjetunion annektiert wurde. Kurz nach dem Einmarsch in die Sowjetunion besetzte die deutsche Wehrmacht am 1. Juli 1941 Lettland und die Hauptstadt Riga. Etwa 11% der Stadtbevölkerung waren Juden.[2] Antisemitismus war in Riga stark verbreitet, so dass in der Anfangsphase der deutschen Besatzung lettische Nationalisten Pogrome verübten – unter Mithilfe und Duldung der deutschen Besatzungstruppen. Mit Unterstützung von Einheimischen wurden die lettischen Juden aus ihren Wohnungen vertrieben, in die dann deutsche Besatzungstruppen einzogen. Tausende jüdische Männer wurden festgenommen und viele von ihnen im Wald von Bikernieki von der Einsatzgruppe A des Sicherheitsdienstes und von lettischen Hilfspolizisten ermordet.[3]

Mitte August 1941 mussten sich alle Juden aus Riga im Moskauer Viertel, einem Vorort nördlich von Riga, versammeln. Das Viertel wurde hermetisch abgeriegelt, ein hoher Zaun errichtet und Ein- und Ausgänge von lettischen Wachen kontrolliert. In den baufälligen Häusern mit unzureichenden sanitären Einrichtungen wurden fast 30.000 Menschen zusammengedrängt.

Mit seiner Versetzung nach Riga trat mit dem Höheren SS- und Polizeiführer Ostland, SS-Obergruppenführer Friedrich Jeckeln, ein überzeugter Antisemit seinen Dienst an. 1941 war er für zahlreiche Erschießungen von Juden in der Ukraine verantwortlich. Anfang November 1941 trafen er und seine Mitarbeiter in Riga ein. Seine Aufgabe war es, gemäß der Anordnung des Reichsführers SS, die lettischen Juden zu liquidieren. Das Ghetto sollte geräumt werden, um die reichsdeutschen Juden einzuweisen.

Im November 1941 trennte man 2500 arbeitsfähige Männer und einige hundert Frauen von den übrigen Ghettobewohnern. Die Männer brachte man in das »kleine Ghetto«, ein eingezäuntes Gebiet im Norden des Ghettos. Die Frauen, die als Schneiderinnen gebraucht wurden, kamen zunächst in das Zentralgefängnis nach Riga.

Am 30. November, dem »Rigaer Blutsonntag«, versammelten sich am frühen Morgen Mitglieder der deutschen Schutzpolizei und lettische Hilfskräfte am Eingang des Ghettos und drangen in die Häuser ein. Unter Geschrei und Schlägen wurden die lettischen Juden gezwungen, sich auf der Straße zu versammeln. Wer versuchte zu fliehen, wurde erschossen. An diesem Tag sowie am 8. und 9. Dezember wurden alle Ghettobewohnerinnen und -bewohner in Gruppen von je hundert Menschen von 300 deutschen Polizisten und SS-Leuten sowie 500 lettischen Hilfspolizisten in den Wald von Rumbula getrieben und dort ermordet. Insgesamt starben dort bis zu 27.500 lettische Juden.

Vor der Ermordung der lettischen Juden waren bereits 1053 Berliner Juden am frühen Morgen des 30. November in Riga angekommen. Noch vor der Ermordung der lettischen Juden wurden sie sofort in den Wald von Rumbula verschleppt und dort erschossen. Ursprünglich war geplant, die nach und nach eintreffenden reichsdeutschen Juden in das leere Ghetto einzuweisen. Da das Ghetto bei Ankunft des Berliner Transports aber noch nicht vollständig geräumt war, ließ SS-Obergruppenführer Friederich Jeckeln die Berliner Juden erschießen.⁴

Die aus Hannover deportierten Männer, Frauen und Kinder trafen am 18. Dezember 1941 in Riga ein. Ihre Koffer, die sie in Hannover aufgegeben hatten, erhielten sie nicht zurück. Das gesamte Gepäck wurde in zentralen Kleiderlagern gesammelt und aussortiert. Die Menschen besaßen nur noch die Kleidung, die sie am Leib trugen und wenig Handgepäck.

In einem Haus teilten sich Max, Else und Helmut Fürst ein Zimmer mit mehreren anderen Personen. Sie hatten keine Lebensmittel und keine weitere Kleidung und mussten Lebensmittel und Kleidung der kurz zuvor ausgewiesenen und ermordeten lettischen Juden nutzen.

Bis Ende 1941 waren ungefähr 5000 Jüdinnen und Juden mit Transporten aus Köln, Kassel, Düsseldorf, Münster/Bielefeld und Hannover im Ghetto Riga angekommen Insgesamt wurden mehr als 15.000 Jüdinnen und Juden aus dem Reichsgebiet, aus Österreich und der Tschechoslowakei in das Ghetto Riga verschleppt.⁵ Kommandant des Ghettos war bis Herbst 1942 SS-Oberscharführer Kurt Krause, danach SS-Hauptscharführer Eduard Roschmann. Die SS-Kommandantur, die sich auch im Ghetto befand, setzte eine jüdische Selbstverwaltung ein.

◂ Auf Deutsch und Lettisch wurde am Ghettozaun gewarnt: »Auf Personen, die den Zaun überschreiten oder den Versuch machen, durch den Zaun mit den Insassen des Ghettos in Verbindung zu treten, wird ohne Aufruf geschossen.« | undatiert

Dieser sogenannte Ältestenrat verwaltete die Arbeitseinsatzzentrale, die Lebensmittel- und Kleiderausgabe und stellte die Ghettopolizei.

Der Ältestenrat organisierte auch Gottesdienste und den Schulunterricht für die Kinder. Arbeitsfähige Juden mussten in den Dienststellen der deutschen Besatzer und in Fabriken und Werkstätten in Riga arbeiten. Da die Lebensmittelabgabe völlig unzureichend war, versuchten die Menschen, die in Arbeitskommandos außerhalb des Ghettos eingesetzt waren, Lebensmittel in das Ghetto zu schmuggeln. Das war strengstens verboten; wer erwischt wurde, wurde erhängt.

Nur zwei oder drei Tage nach der Ankunft im Rigaer Ghetto musste Helmut Fürst seine Eltern verlassen. Gemeinsam mit etwa 500 arbeitsfähigen Männern und Jugendlichen, alle zwischen 16 und 50 Jahre alt, wurde er in das Lager Salaspils gebracht.

Salaspils lag in einem Waldgebiet, 18 Kilometer vom Stadtkern Rigas entfernt.[6] Zunächst war das Lager für reichsdeutsche Juden geplant, zudem sollte ein Teil als erweitertes Polizeigefängnis und ab Sommer 1942 als Arbeitserziehungslager dienen.

Das Lager war dem SS-Sturmbannführer Dr. Rudolf Lange unterstellt, Kommandeur der Sicherheitspolizei und des SD Lettland, mitverantwortlich für die Massenerschießungen der lettischen und deutschen Juden im November und Dezember 1941 im Wald von Rumbula. Lange nahm auch an der Wannseekonferenz am 20. Januar 1942 in Berlin teil, auf der die Organisation des Massenmords an den europäischen Juden koordiniert wurde. Im Lager Salaspils, das er häufig inspizierte, war er besonders gefürchtet: Er erschoss eigenhändig

▲ Ansicht des Lagers, Aufnahme einer SS- Propagandakompanie | 22. Dezember 1941

Häftlinge, wenn sie zu langsam arbeiteten, nicht strammstanden oder sich kurz ausruhten.

Kommandant des Lagers war Richard Nickel aus Berlin; Stellvertreter war Otto Teckemeier, der wegen seines brutalen Vorgehens gegen Häftlinge auch wegen geringer Vergehen gefürchtet war. Das Wachpersonal rekrutierte sich aus Angehörigen der lettischen Schutzmannschaften.[7]

Als Helmut Fürst Ende Dezember 1941 nach Salaspils kam, bestand das Lager aus mehreren halbfertigen Baracken, in die es hineinschneite. »*Wir mussten zwei, drei Stunden laufen, zu Fuß. […] Unter Bewachung in ein Lager, was im Freien stand an der Düna […], wo später 30.000 Menschen waren. Und wir waren unter den ersten 2.000.*«[8]

▲ Häftlingsappell, Aufnahme einer SS-Propagandakompanie | 2. Dezember 1941

Unter katastrophalen Bedingungen sollten die Häftlinge weitere Baracken und Wachtürme errichten. Es mangelte an Verpflegung, sanitäre Anlagen fehlten.

»Am schlechtesten war die Verpflegung in der Zeit zwischen Weihnachten und Neujahr 1941/42, weil durch Schneeverwehungen die Verpflegungszufuhr unmöglich war. In dieser Zeit gab es nur Wassersuppen, kein Brot. Nach Beseitigung der Transportschwierigkeiten besserte sich die Verpflegung auf 300 bis etwa 400 Gramm Brot pro Tag. Sie war aber immer noch viel zu gering, so dass derjenige, der sich keine zusätzlichen Lebensmittel besorgen konnte, über kurz oder lang dem Tode verfallen war.«[9]

Erich Hanau und Kurt Hirschkowitz, zwei Jugendliche, die wie Helmut Fürst mit dem hannoverschen Deportationstransport am 18. Dezember 1941 in Riga angekommen waren, flüchteten am 30. Dezember aus dem Lager Salaspils. Sie wurden gefasst und ins Lager zurückgebracht. Am 2. Januar 1942 kam SS-Sturmbannführer Lange ins Lager und drohte den Häftlingen, die stundenlang Appell stehen mussten, mit Sanktionen und Erschießungen, sollten weitere Häftlinge flüchten. Der 18-jährige Erich Hanau und Kurt Hirschkowitz, der am nächsten Tag 19 Jahre alt geworden wäre, wurden vor versammelter Lagerbelegschaft erschossen. Vermutlich hat Helmut Fürst zumindest Kurt Hirschkowitz gekannt, da beide vor ihrem Abtransport im hannoverschen »Judenhaus« An der Strangriede 55 gewohnt hatten.[10]

In Salaspils musste Helmut Fürst zusammen mit anderen Häftlingen Schwerstarbeit im Sägewerk leisten:

»In drei Schichten wurde an der Düna gearbeitet, in einem Holzlager. Da kamen die Stämme am Fluss an in das Holzlager [...] und die wurden dann in dem Holzlager geschnitten, [...] und ich stand dann an der Maschine. Wir waren ungefähr 60 Mann [...] und hatten auch die Spätschicht. Wir gingen immer so gegen vier, fünf Uhr raus und kamen nachts wieder. Dadurch hatten wir auch klein wenig Vergünstigung, da haben sie uns Kaffee rausgebracht – die Kälte war ja enorm und da war ja gar nichts [...]. Und wenn man einen Baum aufhob mit fünf, sechs Mann und auf den Wagen legte – das war Arbeit. [...] Man bekam wenig zu essen und die Kraft ließ auch etwas nach. [...] Die ersten acht, vierzehn Tage waren ganz schwer.«[11]

Auch in Salaspils gab es eine Kleiderkammer; hier wurde der Inhalt der Koffer gesammelt, die die Männer und Frauen der

▲ Häftlingsarbeit im Holzlager an der Düna im Lager Salaspils
Aufnahme einer SS-Propagandakompanie

Deportationstransporte bei sich hatten, die zwischen dem 12. Januar und 10. Februar 1942 im Bahnhof Skirotava, nicht weit von Salaspils, ankamen. Ein Häftlingskommando holte die Koffer direkt vom Bahnhof ab und brachte sie in das Lager.

Wegen der miserablen Versorgung war ein Überleben im Lager ohne getauschte Lebensmittel kaum möglich:

»Die Beschaffung zusätzlicher Lebensmittel war nur durch Tauschgeschäfte mit der lettischen Wache und der lettischen Zivilbevölkerung, zum Beispiel auf dem Sägewerk möglich. Ich muss an dieser Stelle erwähnen, dass wir bei dem Abmarsch von dem Bahnhof in das Ghetto nur unser Handgepäck mitnehmen durften, während unser großes Gepäck uns überhaupt nicht mehr zugestellt wurde. Das große Gepäck ging scheinbar in Sammellager. Zu einem solchen Sammellager hatten wir in Salaspils zufällig Zutritt. Angesichts der verzweifelten Lage, in der wir uns befanden, ist es verständlich, dass dieses Gepäck geplündert wurde. Dadurch erlangten wir die Mittel, um Tauschgeschäfte mit den Letten durchzuführen. Diese Tauschgeschäfte waren aber verboten und man lief ständig in Gefahr, gefasst, gemeldet und dann erhängt zu werden.«[12]

Auch Männer aus dem Hannover-Transport vom 15. Dezember 1941 waren unter den Ermordeten: Siegfried Falk, geboren 23. Oktober 1906, Heinz Samuel, geboren am 23. März 1908, und Arno Löwenstein, geboren 16. Mai 1921, sowie Rolf Becher, geboren am 10. Mai 1912.[13]

Während der Zeit in Salaspils durfte Helmut Fürst seine Eltern im Ghetto Riga nicht besuchen. Ende März 1942 wechselte er in die Autowerkstatt des Sicherheitsdienstes (SD) in Riga:

»In Salaspils in dem Lager war ich bis Ende März. Und dann kam eines Tages ein Aufruf [...] morgen kommen ein paar Leute, die suchen Handwerker. Wohin, das wussten wir nicht. Gut, dann mussten die Handwerker antreten und [...] da stellte sich einer hin und sagte: ich suche einen Autoelektriker, suche einen Autoschlosser und da haben sich Leute gemeldet. Zum Schluss hat er gesagt: Euch nehme ich mit. Damit ihr Bescheid wisst, wenn ihr nichts könnt, hier kommt ihr nicht wieder her – ich bring euch um. Gut, wir sind mitgefahren.«[14]

»Dann wurde ich abgeholt und in eine Autowerkstatt nach Riga gebracht. Direkt angefordert hatten sie mich für [...] die Autowerkstatt der Gestapo! Ausgerechnet dorthin! Wenn ich so überlege, war ich da bei den schlimmsten Leuten, die es gab. Die fuhren zu Erschießungen. Ich habe selbst gesehen, wie die von der Mannschaft der Gestapo im großen Bus wegfuhren. Wenn der am nächsten Morgen zurückgekehrt war und man ihn hat stehen sehen, dann war er voller Kleidung. Die haben also die Leute sich ausziehen lassen und sie dann umgelegt!«[15]

Die Autowerkstatt unterstand der Einsatzgruppe A, die dort ihre Fahrzeuge reparieren und warten ließ. Sie befand sich 1942 in der Peter-Holm-Straße 5 in Riga. 1943 wurde sie mit anderen Werkstätten in eine stillgelegte Weberei- und Textilfabrik namens Lenta, außerhalb von Riga, verlegt.[16]

Direkt neben der Autowerkstatt waren weitere Werkstätten und später auch die »Kleiderkammer«, in der die letzten Besitztümer der ermordeten Juden gesammelt wurden. Es gab eine Kürschnerei, Schuh- und Stiefelabteilungen, eine Goldwerkstatt und Schneidereien. Die als Fachkräfte ausgewählten Häftlinge, die dort arbeiteten, kamen aus dem Ghetto Riga und dem Lager Salaspils und mussten für Angehörige von SD, SS und Gestapo und deren Frauen und Freundinnen Kleidung, Schuhe oder Schmuck umarbeiten.[17]

Die Lebensbedingungen der Häftlinge in den Werkstätten waren nicht mit den erbärmlichen Verhältnissen im Ghetto oder gar mit denen im Lager Salaspils zu vergleichen. Die Häftlinge wurden ausreichend verpflegt und konnten sich regelmäßig waschen, da sie Kontakt mit den Männern der SS und des Sicherheitsdienstes hatten und diese nicht mit Ungeziefer angesteckt werden wollten.[18]

Helmut Fürst hatte jetzt, wenn auch selten, die Möglichkeit, seine Eltern im Ghetto zu besuchen und ihnen Lebensmittel zu bringen. Das war natürlich verboten, aber da er als Werkstattmitarbeiter unter der Aufsicht des Sicherheitsdienstes und der Gestapo stand, durften die Wachleute ihn nicht kontrollieren.

»Ich zum Beispiel konnte monatelang nicht ins Ghetto. Man hatte immer mal eine Möglichkeit ins Ghetto zu kommen, um seine Verwandten, oder in diesem Fall Eltern, andere wollten zu ihrer Frau, zu besuchen. Es wurde mir einfach monatelang nicht genehmigt. Und da bin ich mit einem Anderen einfach mal sonntags mittags ins Ghetto gegangen. Man wusste die Wege, man ging auf der Straße, hatte seinen Stern, alles in Ordnung. Wir sind ins Ghetto gekommen, alles in Ordnung. Kommen auch wieder zurück, am Sonntag spät nachmittags. Und keiner hat was gemerkt, haben wir gedacht. Und am anderen Morgen hat der Meister gesagt: Hallo, kommt mal her, ihr wart im Ghetto. Hab' ich innerhalb von zwei Tagen 100 Schlag mit dem Gummiknüppel gekriegt. Ich habe [...] dreimal mit meinen Eltern Verbindung gehabt. Mehr nicht! Dreimal konnte ich sie besuchen im Ghetto [...]. Ich weiß nicht, wie sie umgekommen sind, ich weiß nicht wo.«[19]

91

Im März/April 1942 fanden wieder Massenerschießungen statt. Etwa 1800 Menschen aus dem KZ Jungfernhof und ungefähr 3000 Juden aus dem Ghetto Riga, meist Alte und nicht arbeitsfähige Menschen, wurden bei der »Aktion Dünamünde« im Wald von Bikerniecki von Angehörigen des SD und der lettischen Polizei erschossen.[20] Vermutlich waren Max und Else Fürst unter den Opfern. Helmut Fürst wurde von einem Mithäftling, der zu Besuch im Ghetto gewesen war, informiert, dass seine Eltern nicht mehr am Leben sind. Ab Juli 1943 wurden die verbliebenen Ghettoinsassen von Riga nach und nach in das neu errichtete, in einem Villenvorort von Riga gelegene, KZ Kaiserwald überführt.

Im Frühsommer 1943 zogen die Autowerkstatt und die anderen Werkstätten in die ehemalige Textilfabrik Lenta um. Die Werkstätten, als Außenlager des KZ Kaiserwald geführt, unterstanden dem zur Ordnungspolizei gehörenden Polizeiwachtmeister und späteren SS-Untersturmführer Fritz Scherwitz. Die Autowerkstatt unterstand hingegen dem SS-Oberscharführer Walter Wiedemann, ein unberechenbarer Alkoholiker. In den Werkstätten und der Autoreparaturwerkstatt waren im September 1944 ungefähr 400 Männer und Frauen tätig.[21]

Mitte September 1944 stand die russische Armee kurz vor Riga. Die Werkstätten wurden aufgelöst und die meisten Häftlinge kamen in das KZ Stutthof bei Danzig. 80–100 Häftlinge, unter ihnen 40 Arbeiter aus der Autowerkstatt, fuhren mit den Maschinen aus den Werkstätten und Vorräten an Stoffen, Leder, Pelzen und Lebensmitteln unter SS-Bewachung am 25. September 1944 nach Skrunda, einem kleinen Ort, 60 km von der Hafenstadt Libau entfernt. Ende Oktober kam Helmut Fürst von dort mit weiteren Häftlingen nach Libau, wo sie in einem Gebäude gegenüber der lettischen Polizei untergebracht wurden. Hier wurden wieder Werkstätten eingerichtet und weiterhin ausschließlich für den Sicherheitsdienst gearbeitet.[22]

Ende April/Anfang Mai 1945 plante Helmut Fürst gemeinsam mit sieben Mithäftlingen die Flucht. In Libau gab es eine Schuhfabrik, in der jüdische Frauen Zwangsarbeit leisten mussten. Bewacht wurden sie von einem Unteroffizier der Wehrmacht. Hermann Fürst und seine Mitgefangenen hatten die Möglichkeit Kontakt zu den jüdischen Frauen aufzunehmen und durften sie mehrmals besuchen. Bei diesen Gelegenheiten freundeten sich die Häftlinge mit dem Unteroffizier an und erzählten ihm von ihrem Plan zu fliehen.

»Und da hat der [...] gesagt, komm ich zeig euch mal was. Da ist er mit uns zwei Etagen tief in den Keller gegangen und hat gesagt, wenn ihr gar nicht mehr weiterwisst, dann geht da hin. Die Türen sind immer offen. Geht dahin, aber ich kann euch nicht verpflegen. Notfalls mal für eine Woche, kann ich euch halten, aber dann, würde man es merken [...]. Und so haben wir das gut in die Wege geleitet, die ganze Sache. [...]«[23]

Die Häftlinge der SD-Autowerkstatt waren in einem Haus in Libau untergebracht. Vorder- und Hintereingang wurden durch lettische SS-Angehörige bewacht. Viele Autos des Sicherheitsdienstes waren reparaturbedürftig und blieben oftmals außerhalb der Stadt liegen. Dann mussten die Häftlinge in Begleitung von zwei

SS-Männern mit dem Werkstattwagen zu den liegen gebliebenen Autos fahren und sie vor Ort reparieren. Es kam vor, das auch Autos im Stadtgebiet von Libau liegen blieben, kein Werkstattwagen zur Verfügung stand und die Häftlinge der Autowerkstatt ohne Bewachung zu diesen Autos gehen durften. Die SS-Posten an den Ein- und Ausgängen der Werkstatt waren daran gewöhnt, das die Häftlinge auch alleine das Haus verließen. Die russische Armee stand kurz vor Libau und Helmut Fürst und weitere Mitgefangene nutzten ihre Chance und verließen unbehelligt die Autowerkstatt, um im Keller der Schuhfabrik Unterschlupf zu finden. Nach ungefähr zwei Tagen wurden sie von einem russischen Leutnant befreit.

»Im Mai, wie ich befreit wurde, an den Tagen war man zu manchem fähig. Hätte ich diesen lettischen SS-Mann dann gesehen, der mir 100 Schläge auf den Hintern gegeben hat – der würde nicht mehr leben. Aber den habe ich nicht mehr gesehen!«[24]

Die ehemaligen Gefangenen bekamen eine Unterkunft zugewiesen, in denen sie noch einige Wochen verbrachten, bis ihnen die nötigen Papiere zur Weiterfahrt ausgestellt wurden.

Rückkehr durch zerstörte Landschaften

Helmut Fürst hatte nach den Jahren der Gefangenschaft nur noch den Wunsch, nach Hause zurückzukehren. Der Rückweg war schwirig, da viele Eisenbahnstrecken zerstört waren. Dazu kam die Sorge, von russischen Offizieren festgehalten zu werden, die dringend Facharbeiter brauchten. Mitte 1945 drängten sich auf den Bahnhöfen im Osten Menschenmassen – Flüchtlinge, ehemalige Häftlinge und russische Soldaten. Helmut Fürst erinnert sich an die Irrfahrt zurück nach Hannover:

*»Wir waren noch bis Ende Juli/Anfang August 1945 in **Libau**, bis wir einen Ausweis bekamen, damit wir am Bahnhof mit dem Zug mitgenommen werden konnten. Wir waren acht Mann, einer kam aus Wien. Zunächst sind wir nach **Wilna** in Litauen gefahren, da hatten wir Aufenthalt. Wir sind da zur jüdischen Gemeinde gegangen, und ein Rabbiner hat uns einen Ausweis gegeben, in dem stand, dass wir Juden sind und im KZ waren. Dann sind wir in einem Zug gelandet, der Richtung Königsberg fuhr, und in **Ebenrode** haben uns russische Soldaten aus dem Zug geholt. Die wollten, dass wir als Facharbeiter für sie arbeiteten. Da konnte man nichts machen und wir sind ungefähr zwei, drei Tage bei ihnen geblieben.*

*Wir haben dann vereinbart, nicht als Gruppe zusammenzubleiben, sondern jeder sollte die Gelegenheit nutzen, allein weiterzukommen. Und die Chance abzuhauen, habe ich zehn Stunden später gehabt. Ich wurde mit einem russischen Soldaten in ein anderes Dorf geschickt worden, um dort den Brunnen zu reparieren. Der Soldat ging zurück und ich sollte, wenn die Arbeit erledigt war, zurückkehren. Ich bin aber weitergegangen und war abends in **Insterburg** am Bahnhof und beobachtete die Züge, um wegzukommen. Plötzlich stand ein russischer Offizier vor mir und fragte, was ich da mache. Ich habe ihm dann gesagt, dass ich im KZ war und nach Deutschland will. Daraufhin sagte er mir, dass gleich ein Güterzug Richtung*

Königsberg kommt, der ganz langsam durch den Bahnhof fährt, aber nicht anhält. Ich soll auf die Seite gehen, wo man mich nicht sieht und dann schnell aufspringen. Und so war ich am anderen Morgen in Königsberg.

*In **Königsberg** war es ähnlich. Ich war auf dem Güterbahnhof, da durfte man sich nicht erwischen lassen. Und da sprang ich auf einen Zug, der Richtung Danzig ging. Er hielt aber in **Dirschau**, da ging es nicht weiter. Nach **Danzig** ging gar kein Zug. Mit einem Mal waren da 50 Leute, die nach Deutschland wollten. Wir sind dann die halbe Nacht bis nach Danzig marschiert. Am Bahnhof wurde uns gesagt, ihr müsst nach **Zoppot**, da fährt jeden Tag ein Zug nach Deutschland. Ich bin dann von einem Auto mitgenommen worden nach Zoppot und bin mit einem Güterzug nach **Stettin** gekommen. In Stettin war Schluss, da fuhren die Züge kaum noch über die Oder, Richtung Berlin. Hunderte von Menschen waren auf dem Bahnhof mit ihren Koffern und wollten weg. Da kam ein Güterzug und da bin ich wieder raufgesprungen. Am nächsten Morgen war ich in **Berlin** am Schlesischen Bahnhof.*

Von Ostberlin ging ich dann Richtung Westen zum Israelitischen Krankenhaus, da wurden Listen geführt, wer aus dem KZ zurückgekommen ist. Hier sagte man mir auch, dass ich als verschollen geführt galt, da niemand mehr etwas von mir gehört hatte. Hier bekam ich auch etwas Geld.

*Da viele von Berlin aus weiterwollten, waren die Züge über Wochen ausgebucht. Ich kannte Berlin von früher, hatte aber keine Lust, mich hier wochenlang aufzuhalten. Da bin ich zum Bahnhof gegangen und es fuhren Züge nach Nordrhein-Westfalen. Es ging Richtung Leipzig und in **Halle** sollte ich weiter nach **Eschwege** fahren. Das war schon die amerikanische Zone und kurz vor Eschwege hielt der Zug und mit einigen anderen gingen wir ein paar Stunden zu Fuß über die amerikanische Grenze, die ganz nah am Bahnhof Eschwege war. Da standen Baracken und die Amerikaner haben uns dort hineingeholt und uns etwas zu essen gegeben.*

*Dann bin ich erst nach **Mönchengladbach** gefahren, denn die Züge fuhren eher nach Westen als nach Norden. Ich hatte in Berlin erfahren, dass mein Onkel überlebt hatte und mit seiner Frau und seinem jüngsten Sohn dort noch lebte. Zwei Tage später war ich da und bin ein bis zwei Wochen dort geblieben. Am 15. August war ich wieder in **Hannover**.*«[25]

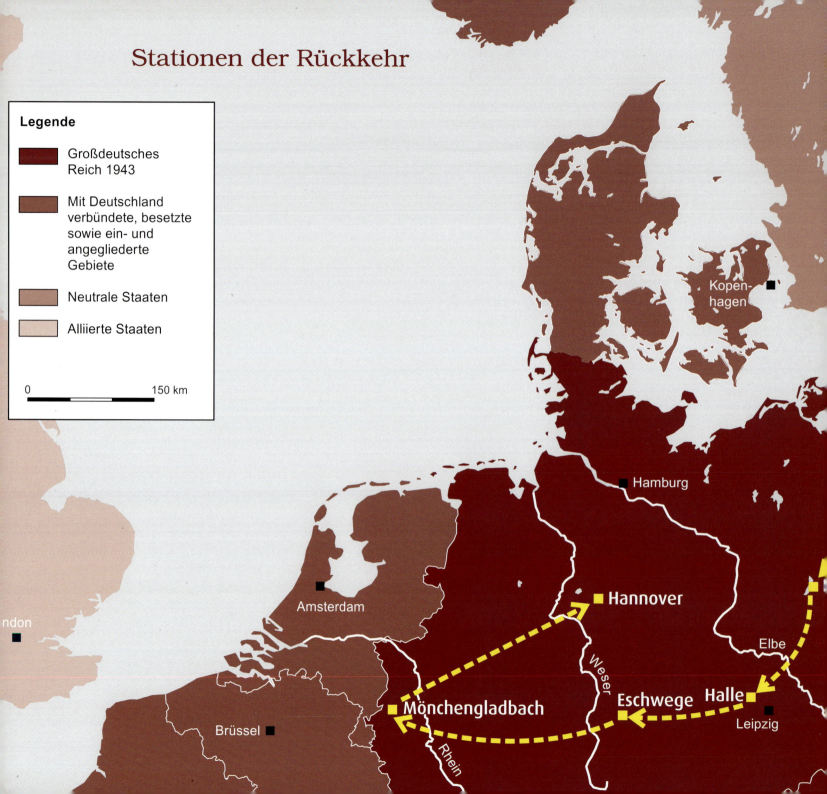

Helmut Fürst –
Zurück in Hannover

Helmut Fürst – Zurück in Hannover

▲ Amerikanische Soldaten vor dem Hauptbahnhof von Hannover | 10. April 1945

▲ Blick von der Rathauskuppel auf die Innenstadt, rechts die Ruine der Aegidienkirche, oben rechts die Ruine des Opernhauses an der Georgstraße | April 1945

Am 10. April 1945 marschierten die ersten US-amerikanischen Truppen in Hannover ein. Sie stießen auf keinen nennenswerten Widerstand, so dass gegen Mittag die gesamte Stadt besetzt war. Während die Amerikaner weiter Richtung Burgdorf rückten, übernahm die britische Armee die Verwaltung.

Die Stadt lag in Trümmern. Die öffentliche Ordnung war zusammengebrochen. 50 Prozent der Wohnhäuser, 44 Prozent der öffentlichen Gebäude, 36 Prozent der Geschäfts- und Lagerhäuser und 33 Prozent der industriellen und gewerblichen Betriebe waren total zerstört; der Rest mehr oder weniger stark beschädigt. Eine geregelte Versorgung mit Wasser, Strom und Gas war nicht möglich; die Kanalisation funktionierte nicht. Der Personen- und Güterverkehr war weitgehend eingestellt. Die Versorgung mit Lebensmitteln und Alltagsgegenständen war mehr als schlecht.

Im zerbombten Hannover lebten bei Kriegsende nur noch 217.000 Menschen; bei Kriegsbeginn waren es 472.000 gewesen. Hinzu kamen Zehntausende Zwangsarbeiterinnen und Zwangsarbeiter, Kriegsgefangene und KZ-Häftlinge, die in über das gesamte Stadtgebiet verbreiteten Lagern untergebracht waren.

Der britische Stadtkommandant wollte den städtischen Verwaltungsapparat rasch wiederaufbauen und ernannte bereits am 11. April 1945 den Sozialdemokraten Gustav Bratke als Oberbürgermeister ein; unter Aufsicht der Militärs sollte er den Aufbau der Stadt organisieren.¹

Helmut Fürst kehrte nach seinem kurzen Aufenthalt bei Onkel Isidor in Mönchengladbach Mitte August 1945 in seine Heimatstadt zurück:

»Erst vierzehn Tage später fuhr ich nach Hannover, tat dies aber, ohne mich bei irgendjemandem dort anzumelden. Ich dachte: ›Fährst halt einfach hin!‹ In Hannover angekommen, ging ich gleich zur Bödekerstraße 39. Das Haus gehörte uns ja. Die Familie Nelke wohnte noch dort und alle riefen: ›Oh, Helmut…!‹ Ich war morgens so um 12 Uhr dort angekommen, in der Bödekerstraße, und erfuhr, dass am selben Morgen um 9 Uhr bereits mein Cousin aus Amerika da gewesen war. Der war Captain bei der Army. In Uniform, mit einem Jeep und einem Kameraden dabei, war er an unserem Haus gewesen. Als sie hineingehen wollten, kam ein älterer Herr auf sie zu, normal als Zivilist angezogen, und fragte sie: ›Kann ich Ihnen helfen?‹ ›Ja, das können Sie!‹, antwortete mein Cousin in fließendem Deutsch, denn er war ja hier in Deutschland zur Schule gegangen, war gleichaltrig mit mir […] Der Cousin sagte also weiter zu dem Mann: ›Das Haus gehört meinem Onkel‹. Und dieser Idiot antwortete ihm doch tatsächlich: ›Nein, das gehört dem Deutschen Reich!‹ Das ›Reich‹ war noch nicht ausgesprochen – hat man mir erzählt –. da hatte mein Cousin dem anderen schon ein paar reingehauen! Der Mann war kein Obernazi, aber zu dämlich, eine solch blöde Antwort zu geben…

Ich habe mich dann hier zum KZ-Ausschuss ins Friedeiken-Schloss begeben, um meinen Cousin noch zu treffen, doch als ich dort ankam, haben sie gesagt: ›Gerade ist er weg!‹

▲ Von links: Helmut Fürst und seine Cousins Harry und Walter Furst bei der Geburtstagsfeier von Werner Fürst | 1. Juli 2002 in Hannover

*In Kirchrode aber haben sie ihn dann noch erreicht und ich konnte ihn dort treffen.«*²

Der Cousin aus Amerika, den Helmut Fürst gleich nach seiner Rückkehr nach Hannover traf, war Walter Fürst, der 1938 von Wiesbaden aus in die USA emigriert war.

Die Emigranten kehren zurück

Walter C. Furst (vormals: Fürst), geboren 1921 in Hildesheim, war der Sohn von Berthold und Louise Fürst, die 1936 und 1937 in USA emigriert waren. Er war in der US-Armee als »deblocking restitution officer« mit der Rückgabe jüdischen Vermögens und sogenannter Beutekunst beauftragt. Seine Dienststelle befand sich in Frankfurt.³ Nach seiner Entlassung aus der US-Armee arbeitete er als Regierungsbeamter in Washington.

Sein jüngerer Bruder **Harry Furst** (vormals Hans Fürst), gelernter Bäcker, wurde am 28. Mai 1943 in die US-Armee einberufen. Er war Corporal der 95th Infantry Division und kämpfte im Winter 1944/45 im »Battle of the Bulge« gegen die deutsche Ardennenoffensive in Belgien und Luxemburg.

Für die amerikanische Armee war es die größte Landschlacht des Zweiten Weltkriegs mit über 20.000 Toten. Später arbeitete Harry Furst als Dolmetscher für General Patton, der mit der 3. Armee am 11. April 1945 das KZ Buchenwald befreite. Am 7. Januar 1946 wurde Harry Furst aus der Armee entlassen. Mit seiner Familie lebte er in Dallas, Texas und arbeitete als Konditor.

Auch Gunter Furst (vormals Günter Fürst), Sohn von Isidor und Christine Fürst aus Mönchengladbach, der am 20. August 1941 als 15-Jähriger über Barcelona in die USA emigriert war, wurde im Alter von 19 Jahren am 26. Januar 1945 in die US-Armee einberufen. Zunächst leitete er das Personalamt des Kriegsgefangenenlagers Camp Robert/San Miguel in Kalifornien. Nach Beendigung des Krieges wurde er nach Bad Kreuznach versetzt und kehrte nach seiner Entlassung aus der US-Armee am 11. März 1947 in die USA zurück.[4]

Einer der Cousins von Helmut Fürst, vermutlich Walter Furst, fotografierte für die Verwandtschaft in den USA das zerstörte Hildesheim.

▲ Erläuterung auf der Bildrückseite: *»Das war der ›Riesen Bazar‹«* | Mitte 1945

◀ Gunter Furst in der US-Armee | undatiert

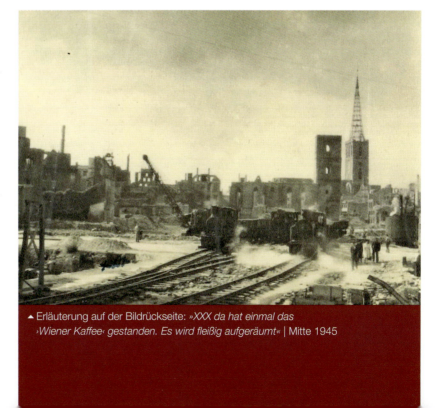

▲ Erläuterung auf der Bildrückseite: *»XXX da hat einmal das ›Wiener Kaffee‹ gestanden. Es wird fleißig aufgeräumt«* | Mitte 1945

In Hannover war die Lebensmittelversorgung und die Wohnsituation für die Bevölkerung kurz nach Kriegsende denkbar schlecht. Für die Überlebenden aus den Konzentrationslagern waren der »Ausschuss ehemaliger Konzentrations-Häftlinge Hannover« und das »Jüdische Komitee Hannover« die ersten Anlaufstellen, um Lebensmittelmarken und eine Unterkunft zu bekommen.

Gründer des KZ-Ausschusses waren der aus Budapest stammende Dr. Victor Fenyes, der aus dem KZ Ahlem befreit wurde, und Gerhard Grande, der im KZ Mühlenberg inhaftiert gewesen war. Ehemalige Häftlinge, die aus rassischen oder politischen Gründen verfolgt worden waren, bekamen beim KZ-Ausschuss ihre »Erstversorgung«, d.h. Lebensmittel- und Kleidermarken, etwas Bargeld und die Vermittlung von Zimmern. Zudem wurde ihnen eine Bescheinigung ausgestellt, die sie als Verfolgte des Nationalsozialismus auswies und ihnen Schutz bot. Kleidung und Hausrat wurden zum Teil von der Stadtverwaltung gestellt, der Großteil der Unterstützung stammte aber aus Spenden jüdischer Organisationen. Der KZ-Ausschuss hatte seinen Sitz in der Friedrichstraße, dem heutigen Friedrichswall.[5]

Das Jüdische Komitee, das seit Mitte 1945 in der Ohestraße 8 untergebracht war, betreute mehr als 1200 jüdische Displaced Persons aus mehreren Lagern und gab die Hilfsleistungen der UNRRA (United Nations Relief and Rehabilitation Administration, die Hilfsorganisation der Vereinten Nationen) aus. Es waren in der Regel ehemalige Häftlinge, die aus osteuropäischen Ländern stammten und von denen die meisten in die USA und nach Palästina/Israel auswandern wollten. Das Jüdische Komitee bot ihnen Hilfe bei der Organisation ihrer Auswanderung an.

▼ Der »Ausschuss ehemaliger Konzentrations-Häftlinge Hannover« bescheinigte Helmut Fürst seine Haftzeit | 18. August 1945

▲ Innenseite der vom Jüdischen Komitee Hannover für Helmut Fürst ausgestellten Zuteilungskarte | undatiert

Obwohl die Wohnungsnot in Hannover groß war, war es für Helmut Fürst kein Problem, ein Zimmer zu bekommen. Sein Elternhaus in der Bödekerstraße 39 hatte nur einen geringen Bombenschaden abbekommen und alle Wohnungen waren bewohnbar und vermietet. Helmut Fürst kam zunächst bei einem Ehepaar zur Untermiete unter.

Im August 1945, kurz vor der Rückkehr von Helmut Fürst nach Hannover, gestattete die britische Militärregierung die Wiedergründung einer Jüdischen Gemeinde in Hannover. Im Dezember 1945 bestand sie aus weniger als 250 Personen. Den Vorsitz teilten sich Norbert Prager, Adolf Nußbaum und Alfred Jonas [6], Helmut Fürst gehörte zu den Gründungsmitgliedern und engagierte sich früh in der Gemeindearbeit:

»Die damalige Arbeit der jüdischen Gemeinde war nicht nur sich untereinander auszutauschen und zu unterstützen, sondern es kamen täglich jüdische Menschen aus den ehemaligen Konzentrationslagern zu uns, die auf der Durchreise waren. Denen musste geholfen werden, denn sie hatten kein Geld und wussten nicht wohin. Wir vermittelten sie an andere jüdische Gemeinden, die ihnen weiterhelfen konnten.« [7]

Rückerstattung

Ende 1945 stand das Mietshaus Bödekerstraße 39 noch immer unter der Verwaltung des hannoverschen Oberfinanzpräsidenten. Die Brüder Heinz und Helmut wollten das Haus als ihnen zustehendes Eigentum und Erbe möglichst bald zurückbekommen. Heinz Fürst lebte in Johannesburg und stellte als Eigentümer – sein Vater Max hatte ihm im April 1934 das Mietshaus übertragen – am 19. Dezember 1945 seinem Bruder Helmut eine Vollmacht für die Verwaltung des Hauses aus. Helmut Fürst beantragte daraufhin am 5. April 1946 beim Oberfinanzpräsidenten Hannover, Abteilung Liegenschaftsstelle, die Rückübertragung des Hauses an seinen Bruder Heinz:

»Mein Bruder war Eigentümer des im Grundbuch von Hannover-Ostwende, Band 10, Blatt 365 eingetragenen Wohnhausgrundstücks, welches im Jahre 1943 im Zuge der Enteignung jüdischen Vermögens dem Deutschen Reich für verfallen erklärt wurde. Diese Verfallserklärung erkenne ich als zu Recht bestehend nicht an. Ich bitte den Herrn Oberfinanzpräsidenten, Abt. Liegenschaftsstelle, daher bei der Militärregierung veranlassen zu wollen, dass die im Grundbuch auf den Namen des Deutschen Reiches erfolgte Umschreibung des Grundstücks sobald als möglich storniert und mein Bruder wieder als rechtmässiger Eigentümer vermerkt wird.«[8]

Es dauerte vier Jahre, bis am 9. Januar 1950 das Wiedergutmachungsamt beim Landgericht Hannover die Rückerstattung des Grundstücks Bödekerstraße 39 an Heinz Fürst anordnete. Da Heinz Fürst die südafrikanische Staatsbürgerschaft angenommen hatte und nicht nach Deutschland zurückkehren wollte, zahlte Helmut Fürst seinen Bruder aus und wurde Eigentümer des Mietshauses. Sämtliche Rückerstattungsansprüche wurden zu gleichen Teilen zwischen den Brüdern geteilt.

Verlief die Rückerstattung der Bödekerstraße 39 trotz der Länge des Verfahrens relativ problemlos, sah es bei der Rückerstattung des Grundstücks Grupenstraße 29, des Wohn- und Geschäftshauses von Max Fürst, anders aus.[9] Max Fürst hatte dort von 1913 bis 1933 sein Haushaltwarengeschäft geführt und mit seiner Familie bis April 1935 in dem Haus Grupenstraße 19 gewohnt. In nationalsozialistischen Hetzartikeln wurde das Geschäft »Bazar Fürst« schon vor der Machtübertragung an die Nationalsozialisten verleumdet. Der Umsatz ging stark zurück und das Geschäftsgrundstück musste zwangsversteigert werden. Im Oktober 1934 kaufte die Stadtverwaltung das Grundstück für die Stadtsparkasse. Nach Ansicht der Erben war die Zwangsvollstreckung von der Stadtverwaltung erzwungen worden, um eine geringere Summe für das Grundstück zahlen zu müssen.

Nach einem langen Rechtsstreit mit den Erben Heinz und Helmut Fürst stimmte die Stadtverwaltung im Dezember 1950 einem Vergleich über eine Entschädigung von 16.000 DM sowie 800 DM für die Prozesskosten zu. Das Rechtsamt der Stadt Hannover stufte diesen Vergleich als »sehr günstig« ein. Wie unsensibel in diesem Rechtsstreit mit den Erben umgegangen wurde, belegt das empörte Schreiben von Heinz Fürst an das Zentralamt für Vermögensverwaltung in Bad Nenndorf vom 3. August 1949. Es ging um die Beschaffung eines Todesscheins für seine in Riga ermordeten Eltern Max und Else Fürst:

▲ Schreiben Heinz Fürst an das Zentralamt für Vermögensverwaltung in Bad Nenndorf | 3. August 1949 – Das Amt war Mitte 1947 von der britischen Militärregierung als Restitutionsbehörde eingerichtet worden.

▲ 1952 erklärte das Amtsgericht Hannover Max und Else Fürst für tot. Als Zeitpunkt des Todes wurde der 8. Mai 1945 festgestellt | 2. Februar 1952

Konfrontiert wurden die Erben auch mit den Schreibtischtätern des Dritten Reichs, von denen viele noch auf ihren Posten in den Behörden saßen und sich keines Unrechts bewusst waren. Bei der Forderung nach Rückerstattung eines Bankguthabens und des Rückkaufswerts einer Lebensversicherung, die Max Fürst gehört hatten, war Oberregierungsrat Dr. Goebel beim Oberfinanzpräsidenten Hannover derselbe, der am 25. November 1941 die Anordnung zur Entziehung des Vermögens von Max Fürst gegeben hatte. Fritz Goebel war seit Einrichtung der Vermögensverwertungsstelle 1941 in dieser Dienststelle tätig. 1890 wurde er in Wiesbaden geboren und beendete 1914 sein Jurastudium. Seit 1930 war er beim Landesfinanzamt bzw. Oberfinanzpräsidenten in Hannover tätig. Er war kein Mitglied der NSDAP: Als vorgesetzter Beamter, der keine Leitungsfunktion innegehabt hatte, war er nach dem Krieg keinerlei Repressalien ausgesetzt, sondern konnte seine Beamtenlaufbahn bis zu seinem Ruhestand 1955 ungestört fortführen. Die Vermögensverwertungsstelle blieb bis Anfang 1947 bestehen. Danach hatte Goebel als Vertreter der Oberfinanzdirektion bei der Bearbeitung von Wiedergutmachungsanträgen weiterhin mit jüdischem Eigentum zu tun. Dabei war es nicht sein Interesse, den Opfern oder deren Nachkommen ihr geraubtes Eigentum möglichst schnell zu erstatten, sondern ihm lag daran, Schadensersatzansprüche gegen die Finanzverwaltung abzuwehren. Die Folge davon waren verzögerte Rückerstattungen und die bittere Erfahrung der Opfer, dass die Finanzbehörden ihnen das geraubte Eigentum vorenthielten.[10] Am 3. Juli 1950 schrieb Goebel an das Wiedergutmachungsamt beim Landgericht Hannover:

»*Das Vermögen des Herrn Max Fürst ist seiner Zeit auf Grund der 11. Verordnung zum Reichsbürgergesetz vom 25.11.41 dem Reich verfallen. Daraufhin sind die nachstehend aufgeführten Vermögensgegenstände des Genannten von mir zu Gunsten des Reichs vereinnahmt worden [...] Aus diesen Beträgen sind von mir an die Städtische Steuerkasse Hannover RM 9.– für rückständige Steuern gezahlt. Der verbleibende Restbetrag ist seiner Zeit von mir an die Reichshauptkasse Berlin abgeführt worden und ist nicht mehr vorhanden [...] Ich beantrage daher, den gestellten Rückerstattungsantrag als unbegründet zurückzuweisen.*«[11]

Am 8. März 1951 wiederholte Goebel seine Ablehnung: »*Die genannten Beträge sind der Reichshauptkasse in Berlin zugeflossen. Sie haben infolge Vermischung mit anderen Geldern des Reiches die Identität verloren.*«[12] Letztendlich bestätigte aber das Wiedergutmachungsamt beim Landgericht Hannover den Erben am 23. Dezember 1952, dass Schadenersatz zu leisten sei und ihnen das widerrechtlich eingezogene Vermögen zustehe.[13]

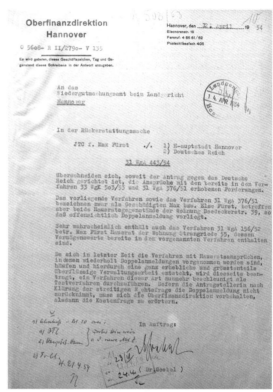

▲ In ihrem Schreiben an das Wiedergutmachungsamt beim Landgericht Hannover unterstellt die Oberfinanzdirektion Hannover (Im Auftrage Dr. Goebel) den Brüdern Fürst eine »Doppelanmeldung« | 12. April 1954

In einem weiteren Verfahren ging es um die Rückerstattung der Einrichtung der Fünf-Zimmer-Wohnung von Max und Else Fürst in der Bödekerstraße 39, die kurz nach ihrer Deportation versteigert worden war. Im Zuge der »Aktion Lauterbacher«, bei der die jüdischen Einwohner in die sogenannten Judenhäuser verschleppt wurden, durften sie nur einen Bruchteil von dem mitnehmen, was sie an Kleidung und Mobiliar besaßen. Die Polizei versiegelte die Wohnungen und beschlagnahmte die Einrichtung. Es gab fünf Sammellager im Stadtgebiet, die der Stadtverwaltung unterstanden, und in denen die beschlagnahmten Gegenstände geschätzt und zum Teil noch vor der Deportation ihrer Besitzer versteigert wurden.[14] Als Vertreter der Oberfinanzdirektion unterstellte Oberregierungsrat Dr. Goebel am 12. April 1954 den Erben sogenannte Doppelanmeldungen zur Rückerstattung des Wohnungseigentums und drohte mit Bußgeld.

Die Jewish Trust Corporation for Germany protestierte daraufhin in einem Schreiben an die Wiedergutmachungskammer beim Landgericht Hannover vom 23. Juni 1954 gegen den Vertreter der Oberfinanzdirektion:

»Es ist diesseits nicht bekannt, ob der Assessor Dr. Goebel bzw. der Regierungsrat Dr. Göbel, der bei den Arisierungsverhandlungen in den Jahren 1939ff. und bei der Verwertung der jüdischen Vermögen eine wesentliche Rolle gespielt hat, identisch ist mit dem Unterzeichner des Schriftsatzes vom 12.4.54. Sollte dies jedoch der Fall sein, so wäre anzunehmen, daß er, statt der Antragstellerin mit Kosten zu drohen, sich bemühen würde, seine Kenntnisse aus der damaligen Zeit freiwillig bekanntzugeben und nicht erst auf starken Druck des Gerichts.«[15]

Von Seiten der Oberfinanzdirektion Hannover kam am 17. Juli 1954 die lapidare Antwort an die Wiedergutmachungskammer:

»Durch die inzwischen erfolgte Vernehmung des Oberregierungsrats Dr. Goebel [...] ist im Übrigen bereits aufgeklärt worden, dass Oberregierungsrat Dr. Goebel zwar an einzelnen Besprechungen Anfang des Jahres 1942 im Rahmen der durch die Stadt Hannover s. Zt. sichergestellten Wohnungen beteiligt war, dass aber Dr. Goebel nicht Sachbearbeiter dieser damals eingerichteten Dienststelle für die Verwertung jüdischen Hausrats gewesen ist.«[16]

Regierungsrat Dr. Fritz Goebel hatte gemeinsam mit Regierungsassessor Eugen Pape von der Vermögensverwertungsstelle des Oberfinanzpräsidenten gearbeitet. Beide hatten bereits am 5. November 1941 Kenntnis von der geplanten Deportation hannoverscher Juden im Dezember 1941 und Stadtinspektor Schwerdtfeger von der Mobilmachungs-Abteilung davon unterrichtet.[17] Sowohl die Stadt Hannover als auch die Oberfinanzdirektion weigerten sich lange, den Wert des beschlagnahmten und versteigerten Wohnungseigentums von Max und Else Fürst den rechtmäßigen Erben Heinz und Helmut Fürst zu erstatten. Erst im April 1963 kam es zu einem Vergleich zwischen den Erben und der Oberfinanzdirektion Hannover.[18]

Helmut und Annemarie Fürst

Helmut Fürst und seine spätere Ehefrau Annemarie Klimt trafen sich in der Bödekerstraße 39 wieder. Die beiden kannten sich schon von früher, da Annemarie öfter ihren Onkel Karl Nelke besucht hatte. Er war seit Ende der 1920er-Jahre mit Max Fürst zunächst beruflich, dann freundschaftlich verbunden. Als er aufgrund seiner jüdischen Abstammung seine Wohnung verlassen musste, bot Max Fürst dem in »Mischehe« lebenden Ehepaar Karl und Luise Nelke und seinen Kindern eine Wohnung im Haus Bödekerstraße 39 an. Später unterstützten dann Nelkes die Familie Fürst mit Lebensmitteln. Karl Nelke, damals Arbeiter in einer Spedition, und seine Familie überlebten in Hannover weitgehend unbehelligt.[19]

Die Familien Nelke und Klimt

Die Eltern von Karl Nelke waren Juden aus Delligsen. Sein Vater Hermann, geboren 1831, war Buchbinder- und Buchdruckermeister. Zusammen mit seiner Frau Bertha, geboren 1858, führte er ein Schreibwarengeschäft, zu dem auch eine Buchdruckerei und ein Fotoatelier gehörten. Neben Karl, geboren am 2. Juni 1896, hatten sie noch eine Tochter: Henny, geboren am 23. Juli 1898.[20]

Im März 1923 heiratete Henny den am 28. März 1897 in Emmerstedt geborenen Adolf Klimt. Klimt war Soldat im Ersten Weltkrieg gewesen, hatte dann seine Ausbildung zum Lehrer beendet und eine Stelle am Delligser Gymnasium angetreten.

Die drei Töchter von Adolf und Henny Klimt kamen alle in Delligsen zur Welt: Elisabeth am 9. Juni 1924, Annemarie am 31. Dezember 1925 und Ilse am 25. Juli 1929.

▲ Die Eltern von Annemarie Fürst – Henny und Adolf Klimt – an ihrem Hochzeitstag | 22. März 1923

▲ Die drei Schwestern Klimt (von links): Elisabeth, Ilse und Annemarie, die Mutter von Helmut Fürst | undatiert

Nach dem Tod von Hermann Nelke lebte seine Frau Bertha zunächst bei ihrer Tochter Henny und ihrem Schwiegersohn in Delligsen. Anfang April 1936 zog sie zu ihrem Sohn Karl nach Hannover in die Bödekerstraße 39, wo sie am 30. Dezember 1940 starb.

Adolf Klimt erhielt 1937 ein Schreiben der Schulbehörde mit der Aufforderung, sich als Beamter von seiner jüdischen Frau Henny scheiden zu lassen. Als er sich weigerte, wurde er an eine Mittelschule in Hasselfelde im Harz strafversetzt, wo er Mathematik, Deutsch und Kunst unterrichtete. Die Familie zog dorthin. Doch bereits im Frühjahr 1938 wurde er aus dem Schuldienst entlassen und arbeitete als Buchhalter in einem Sägewerk.

▲ Henny und Adolf Klimt (in Wehrmachtsuniform) | um 1940

Während des Zweiten Weltkriegs wurde er eingezogen und kam mit einer Strafkompanie der »Organisation Todt« zunächst nach Frankreich, wo er wegen seiner guten Französischkenntnisse als Dolmetscher eingesetzt wurde.

In Hasselfelde konnten Elisabeth und Annemarie die Mittelschule beenden und gingen anschließend auf die Handelsschule nach Braunschweig. Obwohl ihre Mutter Jüdin war, standen die Mädchen unter dem Schutz des damaligen Rektors und konnten ihre Ausbildung beenden. Als Jüdin, die den »Judenstern« tragen musste, bekam Henny Klimt weniger Lebensmittelkarten zugeteilt. Während sie mit ihrer jüngsten Tochter Ilse in Hasselfelde blieb, zogen ihre Töchter Elisabeth und Annemarie Klimt zu ihrem Großvater väterlicherseits nach Königslutter. Josef Klimt (geboren 1864) arbeitete bis ins hohe Alter als Filzmachermeister. Die Großmutter Louise geb. Schwarze (geboren 1869) war bereits am 12. August 1940 gestorben. Elisabeth Klimt begann 1944 eine Lehre zum Industriekaufmann beim Roto-Werk in Königslutter. Ursprünglich stellte diese Fabrik Kopiermaschinen her, später wurde auf Rüstungsproduktion umgestellt.

▲ Telegramm an Adolf Klimt | 4. Februar 1945

Im Dezember 1944 erhielt Henny Klimt in Hasselfelde die Nachricht, dass sie noch deportiert werden sollte. Als Anfang Februar 1945 der Deportationstermin mitgeteilt wurde, schickte Elisabeth ein Telegramm an ihren Vater, der zu diesem Zeitpunkt für die »Organisation Todt« in Wuppertal-Wichlinghausen arbeiten musste: »Sofort kommen Mama muss gleich fort«. Adolf Klimt hat das Telegramm nicht ausgehändigt bekommen.

Am 20. Februar 1945 wurde Henny Klimt in das Ghetto Theresienstadt deportiert. Mit dem in Theresienstadt unter der Nummer VIII/5 registrierten Transport aus Hannover kamen 220 jüdische Menschen am 25. Februar im Ghetto an, darunter 64 mit letztem Wohnort in Hannover sowie zahlreiche Menschen aus weiteren Orten der Regierungsbezirke Hannover und Hildesheim und aus dem Land Braunschweig.

▲ Transport Kennzeichnung für Henny Klimt nach Theresienstadt. VIII/5 ist die Transportnummer, 109 ist die Nummer für Henny Klimt.

Die 15-jährige Tochter Ilse blieb alleine in Hasselfelde zurück. Als auch ihr noch die Deportation drohte, forderte der Betriebsleiter der Roto-Werke in Königslutter, der schon ihre Schwester geschützt hatte, sie als Arbeiterin für seinen Rüstungsbetrieb an – mit Erfolg.

Ihr Vater Adolf konnte am 2. April 1945 während der Räumung des Lagers Wuppertal-Wichlinghausen fliehen und sich bis zum Einmarsch der amerikanischen Truppen am 16. April 1945 in Hasselfelde verstecken. Henny Klimt wurde am 9. Mai 1945 in Theresienstadt befreit und kehrte nach Hasselfelde zurück. 1948 zog sie mit ihrem Mann nach Königslutter, wo Adolf Klimt wieder als Gymnasiallehrer arbeitete. Adolf Klimts Vater Josef, der noch mit 90 Jahren als Filzmachermeister arbeitete, lebte bis zu seinem Tod im April 1956 mit den beiden zusammen. Adolf Klimt starb am 5. Mai 1966 in Bremen; Ehefrau Henny am 1. September 1975 in Lilienthal bei Bremen.

Nach ihrer Hochzeit wohnten Helmut Fürst und Annemarie Klimt weiterhin in der Bödekerstraße 39. Helmut Fürst sorgte dafür, dass das während der Kriegszeit stark vernachlässigte Mietshaus instandgesetzt wurde; er kümmerte sich auch um die Renovierung der eigenen Wohnung.

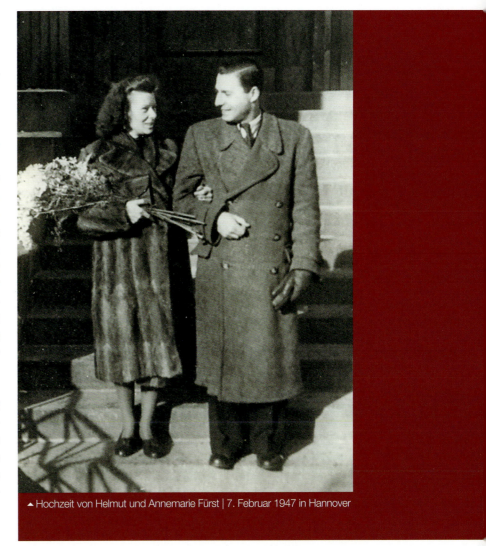

▲ Hochzeit von Helmut und Annemarie Fürst | 7. Februar 1947 in Hannover

Eine Auswanderung zu den Verwandten in die USA kam für das Ehepaar nicht in Frage. Trotz der schlimmen Erlebnisse wollten beide in Hannover bleiben und sich hier eine Existenz aufbauen:

»Ich hatte hier gleich Fuß gefasst, ich hatte gute Freunde, oft von christlicher und von jüdischer Seite […] Hier hatte ich Geld in der Tasche gehabt und dort war ich ein armer Mann. Dann kamen die Kinder, man hatte viele Freunde – man war wer!«[21]

Unabhängig von seiner Verbundenheit zu Hannover und dem Wunsch nach einem normalen Familien- und Berufsleben wollte Helmut Fürst das Unrecht der Vergangenheit nicht ungesühnt lassen. Er war sich sehr bewusst, dass viele Menschen in seiner Heimatstadt sich nicht mehr mit der Vergangenheit und dem geschehenen Unrecht auseinandersetzen wollten:

»Wichtiger ist, dass es zu der Zeit, als ich wieder hier in Hannover war […] auf einmal keine Nationalsozialisten mehr gab. Ich war einer, der die früheren Nazis teilweise kannte, bei einigen genau Bescheid wusste, wer zu ihnen gehört hatte und wer nicht. Deshalb hat man mich geholt, um teilweise gegen die auszusagen.«[22]

Helmut Fürst war Zeuge in den Prozessen gegen die Gestapoangehörigen Hans Bremer und Wilhelm Nonne. Im Mittelpunkt der Anklage standen die Gewaltexzesse in den »*Judenhäusern*«.[23] Besonders beschämend fand Helmut Fürst, dass sich Söhne aus angesehenen hannoverschen Kaufmannsfamilien, wie Nonne, Göbelhoff und Uhren-Sander, an den Misshandlungen von Juden beteiligt hatten. *»Sie sind viel zu milde bestraft worden. Klarer Fall! Die hatten es ja gar nicht nötig, die kamen aus gutem Haus, sie kamen aus reichen Elternhäusern!«*[24] Helmut Fürst sagte auch als Zeuge in Hamburg und in Wien in mehreren Kriegsverbrecherprozessen zu den Zuständen im Ghetto Riga und dem SD-Lager Lenta aus.

An erster Stelle stand für Helmut Fürst aber – wie für viele Familienväter nach dem Krieg – die Versorgung seiner Familie: *»Ich wollte Geld verdienen; es musste nur anständig sein. Ich habe keinen Kaffee verkauft, was viele gemacht haben, sondern ich hab' versucht Geld zu verdienen – und wir sind durchgekommen.«*[25]

Beruflich wollte er zunächst das alte Geschäft seiner Eltern wiederaufleben lassen. In der Königstraße 54a sollte ein Geschäft mit dem Namen »Bazar Fürst« eröffnet werden. Doch daraus wurde nichts. Helmut Fürst machte sich als Handelsvertreter für Automaten selbständig, die Anfang der 1950er-Jahre in immer mehr Gaststätten und Restaurants aufgestellt wurden. Annemarie Fürst arbeitete zeitweise als Kontoristin.

Im März 1952 kaufte er gemeinsam mit Theodor Hohenstein als Vorstandsmitglied für den Verein »Jüdisches Altenheim e.V.« das Grundstück für ein geplantes jüdisches Altenheim in Hannover. Das heutige »Lola Fischel Haus« ist das einzige jüdische Seniorenheim in Niedersachsen und wird nach jüdischer Tradition koscher geführt. Schabbat und Feiertage werden traditionell begangen.

Anfang der 1960er-Jahre begann Helmut Fürst professionell mit Immobilien zu handeln und baute sein Immobilienunternehmen Fürst auf, das zunehmend erfolgreicher wurde. Sein Büro befand sich zunächst in der Ständehausstraße, ab 1992 in der Karmarschstraße.

Michael und Werner Fürst

▲ Werner und Michael Fürst in Bad Pyrmont | um 1950

Annemarie und Helmut Fürst bekamen zwei Söhne: Michael und Werner. Michael Fürst wurde am 28. Mai 1947 geboren. Er besuchte den Kindergarten im ehemaligen Schwedenheim in der Eilenriede, während Werner Fürst, geboren am 1. Juli 1949, in den evangelischen Kindergarten der Markuskirche in der Hohenzollernstraße ging. Ihre Kindheit war unbeschwert, an antisemitische Feindseligkeiten können sie sich nicht erinnern.

Die Jungen wuchsen in einem jüdischen Haushalt auf, der offen war für Kontakte und Freundschaften zu Menschen unterschiedlicher Religion. Helmut Fürst erinnert sich: »*Solange meine Kinder klein waren, bis zur Bar Mizwa und noch einige Jahre danach, bin ich mit ihnen zu jedem Feiertag und ein bis zweimal im Monat am Samstag in die Synagoge gegangen. Danach hat es etwas nachgelassen.*«[26]

Michael und Werner gingen in das Gemeindehaus in der Ellernstraße 9, das 1956 vom Jewish Trust Cooperation gekauft wurde

▲ Michael Fürst mit seiner Mutter Annemarie (links) und seiner Großtante Christine aus Mönchengladbach beim Besuch der ersten Bundesgartenschau nach dem Krieg; sie wurde von Ende April bis Ende Oktober 1951 im Stadthallengarten Hannover gezeigt.

und der jüdischen Gemeinde und dem Landesverband zur Verfügung gestellt wurde. Im Hof befand sich eine Baracke, in der die Kinder Religionsunterricht von einer israelischen Lehrerin bekamen.[27]

▲ Michael Fürst (zweite Reihe, Dritter von links) mit seinen Mitschülern der 1. Klasse der Volksschule in der Edenstraße, der Lehrer ist vermutlich Herr Apel | April 1952

◀ Michael und Werner Fürst im Innenhof Bödekerstraße 92 (vorher Nr. 39) 1957

Die Bar Mizwa feierten Michael und Werner gemeinsam als erste Jungen in der neuen Synagoge in der Haeckelstraße, die am 10. November 1963 eingeweiht worden war.

Michael und Werner Fürst besuchten die Volksschule für Jungen an der Edenstraße in der List. Nach der vierten Klasse wechselten sie auf das Leibniz-Gymnasium.

In ihrer Freizeit spielten Michael und Werner Fußball; beide wurden 1956 Mitglied in Hannover 96. Während Werner eher aktiv dabei war, absolvierte Michael einen Schiedsrichterlehrgang.

▼ Werner Fürst (obere Reihe dritter Junge von rechts) mit der 1. Knabenmannschaft von Hannover 96 nach einem Sieg gegen den »Erzrivalen« Arminia Hannover im Eilenriedestadion | 1959

▼ Schiedsrichter Michael Fürst (mit Ball) beim Spiel der Kreisauswahl Hannover der B-Jugend gegen die Kreisauswahl Celle im hannoverschen Niedersachsenstadion vor dem Länderspiel Deutschland gegen Jugoslawien | 23. Juni 1965

▶ Im Oktober 1961 meldete sich Helmut Fürst beim Ordnungsamt Hannover zur Anlegung eines Wehrstammblattes an.

Helmut Fürst verstand sich immer als Deutscher jüdischen Glaubens. Der Familientradition folgend sah er es als seine Pflicht an, sich der Bundeswehr zur Verfügung zu stellen. 1961 stellte er einen Antrag zur Anlegung eines Wehrstammblatts.

Michael Fürst ging nach dem Abitur 1966 freiwillig für zwei Jahre zur Bundeswehr. Der Dienst in der Bundeswehr war von Juli 1956 bis 2011 verpflichtend für alle männlichen Deutschen – außer für Nachkommen von Verfolgten des Naziregimes. Zu seiner Motivation sagt er:

»Ich habe meine zweijährige Dienstzeit bei der Bundeswehr, beim Fallschirmjägerbataillon 313 in Wildeshausen, nie bereut. Wir waren eine 15-köpfige Abiturientenklasse und davon gingen elf als Z2 zur Bundeswehr, einer verdingte sich für vier Jahre und ein weiterer ging zum Bundesgrenzschutz. 13 von 15, aber darunter sicherlich kein Militarist, wie man meinen könnte. War das also nur der Gruppenzwang, der mich veranlasste, ebenfalls als Freiwilliger zur Bundeswehr zu gehen? Zumindest war mir zum damaligen Zeitpunkt nicht konkret bewusst, dass ich nun der erste nachkriegsgeborene Jude war, der zur Bundeswehr ging. [...] Es war für mich eigent-

lich eine Selbstverständlichkeit, die meiner Erziehung entsprach. Aufgewachsen als Deutscher, gleichermaßen aber auch als Jude, aber nicht mit der vorrangig jüdischen Identität, wie bei den Kindern der jüdischen Überlebenden aus Polen oder Russland. Die Familien meiner Eltern ließen sich über zwei Jahrhunderte in Deutschland zurückverfolgen. Ich bin insoweit der Inbegriff eines deutschen Juden, des Jecken.«[28]

Michael Fürst ist Ehrenvorsitzender des »Bundes jüdischer Soldaten«, der Nachfolgeorganisation des 1938 aufgelösten »Reichsbunds jüdischer Frontsoldaten«.

▼ Fähnrich Michael Fürst | Oktober 1968

Nach der Bundeswehrzeit studierte er in Göttingen Jura; sein Referendariat absolvierte er in Göttingen, Hildesheim und Duderstadt. Seit 1976 ist er als Rechtsanwalt zugelassen. Schon früh engagierte er sich in der Jüdischen Gemeinde Hannover, deren Vorsitzender er seit 2007 ist. Seit 1980 ist er Präsident des Landesverbandes der Jüdischen Gemeinden von Niedersachsen und in dieser Funktion bei zahlreichen Veranstaltungen präsent.

▲ Bei der Gedenkfeier zum 70. Jahrestag der Befreiung des Konzentrationslagers Bergen-Belsens (von links): Niedersachsens Ministerpräsident Stephan Weil, der Präsident des Jüdischen Weltkongresses Ronald S. Lauder, Bundespräsident Joachim Gauck und Michael Fürst, Präsident des Landesverbandes der Jüdischen Gemeinden von Niedersachsen | 26. April 2015

Werner Fürst studierte nach dem Abitur in München ebenfalls Jura, kehrte aber Mitte der 1970er-Jahre nach Hannover zurück und arbeitete ab 1976 im väterlichen Immobilienunternehmen, zunächst als Angestellter. Nach dem Herzinfarkt seines Vaters 1982 übernahm er zusammen mit ihm die Geschäftsleitung. Ab 1992 war Werner Fürst Geschäftsführer für alle Unternehmen

▼ Werner Fürst vor dem Büro Fürst Immobilien in der Ständehausstraße | 1975

▼ Michael, Helmut und Werner Fürst | 2004

▲ Werner und Helmut Fürst bei der Feier zum 75. Geburtstag von Helmut Fürst | 28. Juni 1997

der Fürst Immobilien Hannover GmbH. Aber auch nachdem sich Helmut Fürst aus der Geschäftsleitung zurückgezogen hatte, kam er bis ins hohe Alter fast jeden Tag ins Büro und war dem Unternehmen noch immer eng verbunden.

Zu seinen Söhnen Michael und Werner hatte Helmut Fürst eine besonders enge Beziehung: *»Meine Art kann sehr bestimmend sein, aber trotzdem ist es mir gelungen, dass meine Söhne meine besten Freunde sind. Das ist die Hauptsache.«*[29]

Stolz waren Annemarie und Helmut Fürst auf ihre beiden Enkelinnen, die Töchter von Michael und Gabriele Fürst, geb. Giske.

▼ Michael und Gabriele Fürst, geb. Giske mit ihren Töchtern Annika und Nicola | 1991

▲ Annika, geboren 1976, Nicola, geboren 1973 | undatiert

Mit dem wachsenden Interesse der Öffentlichkeit an den Erinnerungen jüdischer Überlebender wurde Helmut Fürst ein wichtiger und geachteter Zeitzeuge – nicht nur in Hannover.

Im Oktober 1994 wurde am Opernhaus das Mahnmal für die ermordeten Juden Hannovers eingeweiht; es wurde vom Verein »Memoriam« initiiert und ausschließlich aus privaten Spenden finanziert und über das Helmut Fürst sagte: »*Ich würde sagen, es steht an einem sehr guten Platz. Hannover hat den zur Verfügung gestellt und die Hauptsache ist jetzt, dass die Bürger Hannovers dieses Mahnmal annehmen, dass es zu ihnen gehört.*«[30]

Michael und Werner Fürst erfuhren während ihrer Kindheit und Jugendzeit nichts über die Deportation und Inhaftierung ihres Vaters im Ghetto Riga und im Lager Lenta. Erst sehr viel später, angeregt durch Nachfragen der Enkelinnen, erzählte

Helmut Fürst von seinen Erlebnissen in Lettland. Im Januar 2001 fuhr eine Delegation aus Hannover, unter ihnen der damalige Oberbürgermeister Herbert Schmalstieg, mit hannoverschen Überlebenden und Angehörigen von Deportierten nach Riga, um einen Gedenkstein auf dem Neuen Jüdischen Friedhof aufzustellen. Da Helmut Fürst aus gesundheitlichen Gründen an der Fahrt nicht teilnehmen konnte, nahmen seine Söhne statt seiner teil. Für alle Teilnehmer war es eine schwere Fahrt, insbesondere für die Überlebenden der Deportation vom 15. Dezember 1941 aus Hannover nach Riga.

Zum 70. Jahrestag der Deportation hannoverscher Juden nach Riga 2011 traf sich Helmut Fürst im Dezember 2011 noch einmal mit vier Überlebenden aus dem Ghetto Riga:

▲ Überlebende von Riga: Henny M. Simon, geb. Rosenbaum, Gerda Wassermann, geb. Rose, Helmut Fürst, Lore Oppenheimer, geb. Pels, und Lona Hess, geb. Wolfermann | 14. Dezember 2011

Annemarie Fürst starb am 24. Oktober 2007 in Hannover. Helmut Fürst verbrachte die letzten vier Jahre im Lola Fischel Haus, dem jüdischen Seniorenheim in der Haeckelstraße.

▲ Helmut Fürst mit seinen Enkeltöchtern Annika und Nicola und seinen Urenkeln Lilian und Leonard, den Kindern von Nicola | 2012

Nach einem bewegten Leben starb Helmut Fürst am 15. November 2012 im Kreis seiner Familie in Hannover. Sinngemäß sagte er einmal: »Ich war im Ghetto, aber ich wollte das Ghetto nicht in mir haben!« Das ist ihm gelungen.

◀ Helmut Fürst im Jüdischen Altenheim
Haeckelstraße | 28. Juni 2012

Anhang

Helmut Fürst – Ansprache im Niedersächsischen Landtag am 12. November 2008

Sehr geehrter Herr Landtagspräsident, sehr geehrter Herr Ministerpräsident, sehr geehrte Damen und Herren Minister, sehr geehrte Damen und Herren Abgeordnete,

heute kann ich 75 Jahre nach der Machtergreifung der Nationalsozialisten, 70 Jahre nach der von mir als 16-Jährigem erlebten und durchlebten sogenannten Reichskristallnacht und mehr als 63 Jahre nach meiner Befreiung aus dem KZ Riga sagen, dass ich 1945 die richtige Entscheidung getroffen habe. Richtig war, dass ich nach meiner Rückkehr nach Hannover dem Gedanken an Auswanderung entgegen der Entscheidung einiger meiner engsten Freunde nie Platz gelassen habe.

Es hat sich für mich gelohnt, in meiner Heimat zu bleiben, einen wirtschaftlichen Anfang zu wagen, eine Familie zu gründen, die Jüdische Gemeinde in Hannover gemeinsam mit wenigen anderen neu zu gründen und damit den Grundstock für das heute wieder erstarkte jüdische Leben in Hannover und Niedersachsen zu legen. Gelohnt auch deshalb, weil ich 1945 fest daran geglaubt habe, dass in Deutschland eine demokratische Grundordnung Fuß fassen wird, die den wenigen überlebenden Juden eine feste Basis für ihr weiteres Leben bieten wird. Mein Glaube hat mich nicht betrogen.

Sieben Jahrzehnte zuvor, als ich am 9. November 1938 die Flammen sah, die aus der großen Synagoge Bergstraße (heute Rote Reihe) – nur einen Katzensprung von diesem Landtag über die Leine hinweg entfernt – emporschlugen, hatte ich jeglichen Glauben an Menschlichkeit verloren.

Ich sollte eigentlich schon in Breslau sein, wohin meine Eltern mich zu einem Onkel schicken wollten – auch aufgrund einer Warnung eines in unserer direkten Nachbarschaft in der Bödekerstraße lebenden Gestapo-Mannes, der uns als »seine« Juden ansah und offensichtlich sein Gewissen erleichtern wollte, bevor er selbst zu neuen Gräueltaten Anlauf nahm.

Auf dem Weg zum Bahnhof sah ich schon geplünderte Geschäfte jüdischer Eigentümer und hörte von der in Brand gesteckten Synagoge. Ich wollte das sehen und begab mich zu diesem ehemals wunderschönen vom berühmten Baumeister Edwin Oppler gebauten Gotteshaus. Ich konnte nicht glauben, dass die Nationalsozialisten es wagen würden, diese für die jüdische Bevölkerung Hannovers geweihte Stätte anzutasten, in welcher ich drei Jahre zuvor meine Bar Mitzwah begehen durfte.

Ich sah in wenige empörte Gesichter aber in sehr viele euphorische, die den Taten der SS, SA und der Polizei mit großem Enthusiasmus zusahen. Wie ich nach 1945 erfahren konnte, waren unter denen, die die Synagoge in Brand setzten bzw. die Befehle dafür erteilten, Hannoveraner aus sehr bekannten Familien, ehemals bürgerlich und ebenso wie meine Eltern Kaufleute aus der Innenstadt.

Ich war erschüttert!

Für mich war diese unglaubliche Tat der definitive Hinweis auf weitere, schwerwiegende Folgen für uns Juden, ohne auch nur zu ahnen, welch schreckliche Zeiten noch auf meine Familie und mich zukommen würden.

Ich fuhr dann noch nach Breslau und musste am 10. November 1938 mit ansehen, wie dort die ebenfalls von Edwin Oppler gebaute große Synagoge brannte und zu Schutt und Asche zerfiel. Ich konnte nichts mehr begreifen!

Was danach kam, ist heute nicht das Thema dieser Gedenkstunde. Nur so viel: Alles, was Sie gehört oder gelesen haben, ist nichts gegen das, was uns Juden in den Jahren 1933 bis 1945 wirklich widerfahren ist.

Dass das nicht noch einmal passiert, ist auch eine Verpflichtung dieses Hauses. Ich appelliere an Sie alle, noch intensiver dafür zu arbeiten, die rechten Gruppen und die rechts Denkenden aus den deutschen Parlamenten fern zu halten.

Es wird sehr oft von der Verantwortung der deutschen Bevölkerung gegenüber den Juden in aller Welt gesprochen. Für mich gibt es nur einen Wunsch – gleichzeitig ist er aber auch eine unabdingbare Forderung an Sie alle: Sorgen Sie als gewählte Vertreter des deutschen Volkes dafür, dass die Demokratie in diesem Land nicht mehr gefährdet werden kann, sorgen Sie dafür, dass Radikalismus im Keim erstickt wird, sorgen dafür, dass Ihr Handeln immer und immer wieder von diesen Leitlinien bestimmt ist.

Dafür und dass meine Enkel und Urenkel dieser Anstrengung Ihrerseits jederzeit gewiss sein können und als deutsche Staatsbürger jüdischen Glaubens in diesem, unserem Land für alle Zukunft in Frieden leben können, dafür nehme ich Sie, meine Damen und Herren, in die Verantwortung.

Ich danke Ihnen für Ihre Aufmerksamkeit.

Anmerkungen

Anmerkungen

Familie Fürst in Frankenberg/Eder
1. Umfassend zu Juden in Frankenberg: Hecker, Jüdisches Leben.
2. Stadtarchiv Blomberg, Bestand Neues Archiv III/I g 14.

Hermann und Hedwig Fürst in Hildesheim
1. Vgl. NLA Standort Hannover, Nds. 110W, Acc. 105/93, Nr. 303, Bl. 64f., Schreiben Rechtsanwälte Moses & Haas an Regierungspräsident Hannover, 25.01.1956.
2. Bayer. Hauptstaatsarchiv Kriegsarchiv, Kriegsstammrollen 21602.
3. Stadtarchiv Hildesheim, Meldeakten, Best. 102, Nr. 7427, Zeitraum: 1874–1945.
4. Aufgebauer/Avraham, Artikel »Hildesheim«, S. 853.
5. NLA Standort Hannover, Nds. 110W, Acc. 105/93, Nr. 303, Bl. 68f., Eidesstattliche Versicherung Herbert Fuerst, Julius Rosenbaum, 29.01.1956.
6. NLA Standort Hannover, Nds. 110W, Acc. 105/93, Nr. 304, Bl. 5, Eidesstattliche Versicherung Julius Rosenbaum, 18.11.1957.
7. Kratochwill-Gertich/Naujoks, Artikel »Alfeld«, S. 110ff; VVN Kreisvereinigung Hildesheim (Hg.), Zum 50. Jahrestag der »Reichskristallnacht«, S. 29–37; http://www.ancestry.de, New York, Passagierlisten, 1820–1957, USA (abgerufen am 08.08.2016).
8. http://www.ancestry.de, US Kriegsveteranenministerium, BIRLS-Todesregister (System zur Suche von Bezugsberechtigten nach dem Versterben von Veteranen), 1850–2010, (abgerufen am 23.08.2016); VVN Kreisvereinigung Hildesheim (Hg.), Zum 50. Jahrestag der »Reichskristallnacht«, S. 36.
9. http://www.ancestry.de, US-Kriegsveteranenministerium, BIRLS-Todesregister (System zur Suche von Bezugsberechtigten nach dem Versterben von Veteranen), 1850–2010, (abgerufen am 23.08.2016).
10. NLA Standort Hannover, Nds. 110W, Acc. 105/93, Nr. 304, Bl. 3, Lebenslauf Herbert Fürst, 11.11.1957.
11. Stadtarchiv Hildesheim, Meldeakten, Best. 102 Nr. 7427, Zeitraum: 1874–1945.
12. http://www.ancestry.de, New York, Passagierlisten, 1820–1957, US-Volkszählung 1940, (abgerufen am 07.08.2016).
13. http://www.ancestry.de, New York, Passagierlisten, 1820–1957, Sterbeindex der Sozialversicherung, 1935–2014, (abgerufen am 18.08.2016).
14. NLA Standort Hannover, Hann. 210, Acc. 2004/025, Nr. 2203, Bl. 89; Schreiben Gestapo an Oberfinanzpräsidenten, Devisenabteilung, 16.02.1939; Schneider, Die jüdische Gemeinde in Hildesheim, S. 191–202.
15. Aufgebauer/Avraham, Artikel »Hildesheim, S. 854f., 859.
16. Schmid, Hildesheim in der Zeit, S. 35.

[17] NLA Standort Hannover, Nds. 110W, Acc. 105/93, Nr. 303, Bl. 34, Brief Josefine L. an Rechtsanwälte Moses & Haas, New York, 08.12.1954; http://www.ancestry.de, New York, Passagierlisten, 1820–1957 (abgerufen am 16.09.2016). In den Passagierlisten steht das Einbürgerungsdatum: 10. Februar 1931.

[18] NLA Standort Hannover, Nds. 110 W, Acc. 105/93 Nr. 303, Bl. 66, Eidesstattliche Versicherung Gerda A., 12.01.1956.

[19] Vgl. Schneider, Die jüdische Gemeinde in Hildesheim, S. 452–456.

[20] NLA Standort Hannover, Nds. 110W, Acc. 105/93, Nr. 303, Bl. 50, Eidesstattliche Erklärung Herbert Fürst, 2. August 1955.

[21] Berlit-Jackstien/Kreter (Hg.), Abgeschoben in den Tod, S. 330.

[22] Institut Theresienstädter Initiative (Hg.): Theresienstädter Gedenkbuch.

[23] http://www.ancestry.de, New York, Passagierlisten, 1820–1957 (abgerufen am 15.08.2016).

[24] NLA Standort Hannover, Nds. 110W, Acc. 105/93 Nr. 304, Bl. E23, Eidesstattliche Versicherung, Herbert Fürst, 16.06.1960.

[25] NLA Standort Hannover, Hann. 210, Acc. 2004/025, Nr. 2203, Bl. 4f., Aussage Hermann Fürst, 20.12.1938.

[26] NLA Standort Hannover, Nds. 110W, Acc. 105/93, Nr. 304, Bl. 19, Einkommensnachweis Herbert Furst, Department of Health, Education and Welfare, 26.05.1959; NLA Standort Hannover, Hann. 210, Acc. 2004/025, Nr. 2203, Bl. 17f., Schreiben Max Fürst an Devisenüberwachungsstelle Hannover, 28.01.1939.

[27] NLA Standort Hannover, Nds. 110W, Acc. 105/93, Nr. 303, Bl. 49, Eidesstattliche Versicherung Julius Rosenbaum, 02.08.1955.

[28] NLA Standort Hannover, Hann. 210 Acc. 2004/025 Nr. 1435, Bl. 12, Finanzamt Hildesheim an Oberregierungspräsident Hannover, 23.07.1938; Bl. 75: Schreiben Hermann Fürst an Oberfinanzpräsident Hannover, 15.12.1938.

[29] Schmid, Hildesheim in der Zeit, S. 75f.

[30] NLA Standort Hannover, Nds. 110W, Acc. 105/93, Nr. 303, Bl. 66f., Eidesstattliche Erklärung, Gerda A., 12.01.1956.

[31] NLA Standort Hannover, Hann. 210, Acc. 2004/025, Nr. 2203, Bl. 17f, Schreiben Max Fürst an Devisenüberwachungsstelle Hannover, 28.01.1939; ebenda, Bl. 48, Schreiben Spedition Neukirch an Devisenüberwachungsstelle Hannover, 15.04.1939.

[32] NLA Standort Hannover, Nds. 110W, Acc. 105/93, Nr. 303, Bl. 11f., Schreiben Hermann Fürst an Devisenüberwachungsstelle Hannover, 03.08.1939.

[33] NLA Standort Hannover Nds. 110W, Acc. 105/93, Nr. 303, Bl. 14f., Schreiben Firma Neukirch an Hermann Fürst, 24.06.1946.

[34] http://www.ancestry.de, Sterbeindex der Sozialversicherung, 1935–2014 (abgerufen am 18.08.2016).

Isidor und Christine Fürst in Mönchengladbach

1. Lebenslauf Isidor Fürst, Rheinische Post, 5. Dezember 1955, Stadtarchiv Mönchengladbach.
2. Mauss, Nicht zugelassen, S. 165–171.
3. Telefonische Auskunft von Bernhard Kentges, einem Verwandten von Christine Fürst, am 08.12.2016.
4. Erckens, Juden in Mönchengladbach, Bd.1, S. 529f.
5. Mauss, Nicht zugelassen, S. 167; Gottwaldt/Schulle, »Judendeportationen«, S. 195f.
6. Erckens, Juden in Mönchengladbach, Bd. 1, S. 477–485.
7. http://www.ancestry.de, New York, Passagierlisten, 1820–1957, USA, Jahrbücher von US-Schulen (abgerufen am 08.08.2016).
8. Mauss, Nicht zugelassen, S. 167; telefonische Auskunft von Bernhard Kentges am 08.12.2016.
9. http://www.ancestry.de, USA, Find a Grave-Index (abgerufen am 08.08.2016).
10. Mauss, Nicht zugelassen, S. 167.
11. Creydt, Zwangsarbeit, Bd. 4, 283ff; Silver, Überleben, S. 169f.
12. Mauss, Nicht zugelassen, S. 170f.

Salli Fürst in den USA

1. Zu Salli Fürsts Auswanderung und Wiederaufnahme in den preußischen Staatsverband siehe: Hauptstaatsarchiv Marburg, Best. 180 Frankenberg, Nr. 1189.
2. http://www.ancestry.de, New York, Passagierlisten, 1820–1957 (abgerufen am 18.08.2016).
3. Familienstammbaum Fürst, erstellt von Herbert Fürst, Privatarchiv Fürst; http://www.ancestry.de, New York, Passagierlisten, 1820–1957, USA, US-Volkszählung 1920 und 1940 (abgerufen am 18.09.2016).

Benjamin und Johanna Keijzer in Menden

1. Stadtarchiv Blomberg, Bestand Neues Archiv III/Ig 14,16.
2. Ebenda.
3. Rose, Synagogengemeinde Menden, S. 26
4. Ebenda.
5. Gutmann, Enzyklopädie des Holocaust, S. 999–1010, S. 1577–1579.

Familie Julius und Clothilde Rosenbaum in Hameln

1. Stadtarchiv Hildesheim, Meldeunterlagen Best. 102 Nr. 7427, Zeitraum 1874–1945.
2. Stadtarchiv Fulda, http://fulda-meldekartei.ifaust-online.de (abgerufen am 15.12.2016).
3. NLA Standort Hannover, Nds. 110 W, Acc. 105/93, Nr. 304, Bl. 5, Eidesstattliche Erklärung Julius Rosenbaum, 18.08.1957.
4. Stadtarchiv Hildesheim, Meldeunterlagen Best. 102, Nr. 7427, 1874–1945; Gelderblom, Sie waren Bürger der Stadt, S. 10.
5. Den Hinweis auf die Grütterstraße verdanke ich Bernhard Gelderblom.
6. Gelderblom, Sie waren Bürger der Stadt, S. 161ff.
7. Ebenda, S. 34.
8. Stadtarchiv Hameln, Best. 32.4, Acc 1984/05, Nr. 5 Auswanderungen–Einwanderungen (Mitteilung von Bernhard Gelderblom, 11.01.2017); http://www.ancestry.de, US-Volkszählung 1940 (abgerufen am 08.08.2016).
9. Gelderblom, Die Juden von Hameln, S. 28.
10. Stadtarchiv Herford, Einwohnermeldekartei.
11. http://www.ancestry.de, New York, Passagierlisten, 1820–1957, US-Volkzählung 1940 (abgerufen am 08.08.2016).
12. Schreiben Margarete (Magie) Furst vom 22.09.2016 an Michael Fürst.
13. http://www.ancestry.de, Sterbeindex der Sozialversicherung, 1935–2014 (abgerufen am 13.09.2016).
14. Brade/Heckmanns (Hg.), Juden in Herford, S. 81f.
15. Stadtarchiv Herford, Einwohnermeldekartei Herford; http://www.ancestry.de, New York, Passagierlisten, 1820–1957, US-Volkszählung 1940 (abgerufen am 08.08.2016).

Berthold und Louise Fürst in Wiesbaden

1. Stadtarchiv Hildesheim, Meldeakten Stadt Hildesheim, Best. 102 Nr. 7427, Zeitraum 1874–1945.
2. Ebenda.
3. Stadtarchiv Wiesbaden, Gewerberegister WI/2, Nr. 173, 174, 176, 898.
4. Post/Kirchen, Juden in Wiesbaden.
5. Stadtarchiv Hildesheim, Meldeakten Stadt Hildesheim, Best. 102 Nr. 7427, Zeitraum 1874–1945; http://www.ancestry.de, New York, Passagierlisten 1820–1957, New York (abgerufen am 08.08.2016).
6. http://www.ancestry.de, New York, Einbürgerungsaufzeichnungen, 1882–1944, US-Volkszählung 1940, Biography & Genealogy Master Index (BGMI) (abgerufen am 08.08.2016).
7. http://www.ancestry.de, Sterbeindex der Sozialversicherung, 1935–2014 (abgerufen am 08.08.2016).

Die Brüder Fürst im Ersten Weltkrieg

[1] Stachelbeck, Deutschlands Heer und Marine, S. 186ff.
[2] Rosenthal, »Die Ehre des jüdischen Soldaten«, S. 17, 41f.
[3] Ebenda, S. 18ff.
[4] Bayer. Hauptstaatsarchiv Kriegsarchiv, Kriegsstammrollen 21602.
[5] Stadtarchiv Mönchengladbach, »Goldenes Berufsjubiläum. 50 Jahre Rechtsanwalt in M. Gladbach«, in: Rheinische Post, 05.12.1955.
[6] Schulze, Artikel »Hannover«, S. 757.
[7] Informationen zum Regiment: siehe Feldpostkarten der Brüder Fürst; Stadtarchiv Hannover, Einwohnermeldekarte Max Fürst.
[8] Fürst, Juden in der deutschen Armee, in: Der Schild 2, 2008, S. 10.
[9] Mauss, Nicht zugelassen, S. 165f.
[10] Ullrich, Nun sind wir gezeichnet, S. 217–238.
[11] Rosenthal, »Die Ehre des jüdischen Soldaten«, S. 100.

Max und Else Fürst in Hannover

[1] Stadtarchiv Hannover, Einwohnermeldekarte.
[2] Hauptstaatsarchiv Marburg, StadtAKS, Best. A 3.35.1, Nr. 2.1.115, Standesamt Kassel, Heiratsregister 1913, Eintragsnr. 601–700, S. 133f., Heiratsurkunde Max Fürst und Elise, geb. Jacoby.
[3] Stadtarchiv Fulda, http:/fulda-meldekartei.ifaust-online.de (abgerufen am 15.12.2016).
[4] Schulze, Artikel »Hannover«, S. 726; Bierkamp, »ein Bild großstädtischen Lebens«, S. 30, 34f.
[5] Stadt Hannover, Fachbereich Recht und Ordnung, Bürgeramt Mitte, Hausstandsbuch Grupenstr. 19.
[6] NLA Standort Hannover, Nds. 720 Hannover, Acc. 2008/003 Nr. 370, Bl. 64, Personalliste Grupenstr. 19, Rechtsanwalt Fey an Oberlandesgericht Celle, 19.08.1963; ebenda, Bl. 108ff., Aussage Clemens S., vor dem Oberlandesgericht Celle, 14.07.1964.
[7] Helmut Fürst, Interview Memo Media Productions, 11.11.1999 in Hannover.
[8] Schulze, Artikel »Hannover«, S. 726, 763ff.
[9] Fleiter, Stadtverwaltung im Dritten Reich, S. 183f.; NLA Standort Hannover, Nds. 720 Hannover, Acc. 2008/003, Nr. 370, Bl. 113, Zeugenaussage Hermann H. vor dem Oberlandesgericht Celle, 14.07.1964.
[10] NLA Standort Hannover, Nds. 720 Hannover, Acc. 2009/126, Nr. 00031, Bl. 14, Ermittlungsbericht Bödekerstr. 39, Frh. Von Cosel, 05.11.1949.
[11] Stadtarchiv Hannover, Einwohnermeldekarte.

[12] NLA Standort Hannover, Nds. 720 Hannover, Acc. 2008/003, Nr. 370, Bl. 13, Entschädigungsverfahren für Schaden am beruflichen Fortkommen, Regierungspräsident Hannover, 01.02.1961; NLA Standort Hannover, Nds. 720 Hannover, Acc. 2008/003, Nr. 371, Bl. 57f., Zeugenvernehmung Gertrud B., Oberlandesgericht Celle wegen Entschädigung für Schaden im beruflichen Fortkommen Elise Fürst, 30.07.1964

[13] Jäger, Nationalsozialismus in Schöningen, S. 113f, 119.

[14] Weihmann, Jüdisches Leben, S. 40f.

[15] Ebenda, S. 41, 44.

[16] NLA Standort Wolfenbüttel, 43 B Neu Fb. Zg 59/1982, Nr. 207, Kerkerregister Juli-1935; NLA Standort Hannover, Nds. 720 Hannover, Acc. 2008/003, Nr. 370, Bl. 34, Beschluss Landgericht Hannover, Entschädigungskammer, 28.11.1962.

[17] http://www.jewishroots.uct.ac.za/, Passagierliste »Giulio Castle« (abgerufen am 15.09.2016).

[18] Zur jüdischen Emigration nach Südafrika: Füllberg-Stolberg, Jüdische Emigration nach Südafrika.

[19] NLA Standort Hannover, Hann. 210, Acc. 2004/025, Nr. 483, Bl. 1, Brief Heinz Fürst an seine Eltern, 13.01.1937.

[20] Mlynek/Röhrbein, Stadtlexikon Hannover, S. 92.

[21] Helmut Fürst, Interview Memo Media Productions, 11.11.1999 in Hannover.

[22] Horndasch/Fürst, Ich war Deutscher, S. 19f.

[23] Helmut Fürst, Interview Memo Media Productions, 11.11.1999 in Hannover.

[24] Horndasch/Fürst, Ich war Deutscher, S. 21f.

[25] Friedrich Wilhelm Nonne, geboren 1908 in Hannover, stammte aus einer alteingesessenen hannoverschen Kaufmannsfamilie. Seinem Vater gehörte das Garn- und Wollwarengeschäft Pfannenschmid & Nonne in der Osterstraße. Nach einer kaufmännischen Lehre übernahm er 1938 das elterliche Geschäft. Am 20.09.1939 wurde er zur Gestapo einberufen und kam als Kriminalangestellter bis August 1942 in die Abteilung II B, die für Kirchen, Juden und Freimaurer zuständig war. Danach arbeitete er für die Abteilung Wirtschaftsverstöße und sogenannte Fremdarbeiter. Buchholz, Die hannoverschen Judenhäuser, S. 173f.

[26] Horndasch/Fürst, Ich war Deutscher, S. 22f.

[27] ITS Arolsen 1.2.1.1/11202352, Karteikarten über jüdische Einwohner der Stadt Fulda.

[28] ITS Arolsen, 1.2.2.1/11754482, Namensverzeichnis zu den Gefangenen-Büchern des Gerichtsgefängnisses Fulda; Stadt Hannover, Fachbereich Recht und Ordnung, Bürgeramt Mitte, Hausstandsbuch Bödekerstr. 39.

[29] Bieber, Jüdisches Leben in Bolivien, S. 36f., S. 47–54, S. 58.

[30] ITS Arolsen, Liste G, Devisenstelle Landeszentralbank Frankfurt/Main.

[31] von Stillfried, Ein blinder Fleck, S. 38.

[32] Ebenda, S. 39.

33 BA Koblenz, Z 42 II/2116, Spruchgericht Benefeld-Bomlitz, Zeugenaussage Helmut Fürst, 23.10.1947. – Hans Bremer wurde 1906 in Hannover geboren. Nach einer Lehre als Maschinenzeichner wurde er am 1. April 1927 als Polizeianwärter in die Polizeischule Hildesheim aufgenommen. Bis 1938 war er in Hannover als Polizei-Oberwachtmeister im Straßen- und Revierdienst tätig. Auf eigenen Wunsch wechselte er zur Gestapo Hannover und arbeitete dort als Kriminalsekretär im sogenannten Judenreferat. Ende 1942 kam er an die Ostfront. Buchholz, Die hannoverschen Judenhäuser, S. 172.

34 Benz/Distel (Hg.), Der Ort des Terrors, Bd. 9, S. 75–99.

35 NLA Standort Hannover, Hann. 210, Acc. 2004/025, Nr. 483, Bl. 46, Schreiben Adolf Meyer an Oberfinanzpräsidenten Hannover, 01.09.1938; NLA Standort Hannover, Hann. 210, Acc. 2004/025, Nr. 484, Bl. 54, Fragebogen für Auswanderer, 30.10.1941.

36 NLA Standort Hannover, Hann. 210, Acc. 2004/025 Nr. 483, Bl. 75.

37 Ebenda, Bl. 77.

38 Fleiter, Stadtverwaltung im Dritten Reich, S. 218ff.; Buchholz, Die hannoverschen Judenhäuser, S. 10ff.; Stadt Hannover, Fachbereich Recht und Ordnung, Bürgeramt Mitte, Hausstandsbuch Bödekerstr. 39.

39 NLA Standort Hannover, Nds. 720 Hannover, Acc. 2009/126, Nr. 08108, unpaginiert, Aussage Karl N., Rückerstattungssache Fürst gegen Deutsches Reich, vom 21.03.1962.

40 Helmut Fürst, Interview Memo Media Productions, 1994 in Hannover.

41 NLA Standort Hannover, Hann. 210, Acc. 2004/025, Nr. 484, Bl. 79f.

42 NLA Standort Hannover, Hann. 210, Acc. 2004/024, Nr. 235, Bl. 34, Gestapoleitstelle Hannover an das Reichssicherheitshauptamt, Berlin, 08.01.1943.

43 Helmut Fürst, Interview Memo Media Productions, 1994 in Hannover.

44 Stadtarchiv Hannover, Einwohnermeldekarte Seligmann Jacoby; Stadt Hannover, Fachbereich Recht und Ordnung, Bürgeramt Mitte, Hausstandsbuch An der Strangriede 55.

Deportation nach Lettland

1 Helmut Fürst, Interview Memo Media Productions, 11.11.1999 in Hannover, gekürzt.

2 Gutmann (Hg.), Enzyklopädie des Holocaust, Bd. II, S. 1228ff.

3 Angrick/Klein, Die »Endlösung« in Riga, S. 64–99.

4 Gottwaldt/Schulle, Die »Judendeportationen«, S. 110–113; Angrick/Klein, Die »Endlösung« in Riga, S. 136–184.

5 Angrick/Klein, Die »Endlösung« in Riga, S. 212–258.

6 Gottwaldt/Schulle, Die »Judendeportationen«, S. 115f.

7 Angrick/Klein, Die »Endlösung« in Riga, S. 259–275.

8 Helmut Fürst, Interview Memo Media Productions, 11.11.1999 in Hannover.

[9] Aussage Helmut Fürst, Riga-Grundverfahren, Staatsanwaltschaft Hamburg, 141 Js534/60, Bd. 2, S. 250–252, zitiert nach Angrick/Klein, Die »Endlösung« in Riga, S. 260.
[10] Ebenda, S. 262–265. Das Alter von Kurt Hirschkowitz wird bei Angrick/Klein fälschlicherweise mit 16 Jahren angegeben; im Hausstandsbuch »An der Strangriede 55« findet sich das Geburtsdatum: 03.01.1923.
[11] Helmut Fürst, Interview Memo Media Productions, 11.11.1999 in Hannover.
[12] Angrick/Klein, Die »Endlösung« in Riga, S. 261f., Fußnote 12.
[13] Ebenda, S. 263, Fußnote 16. Der bei Angrick/Klein genannte »Arno Zierer (Hannover)« ist identisch mit Arno Löwenstein; Claus Becher, Interview Memo Media Productions, 01.11.2004 Florida/USA.
[14] Helmut Fürst, Interview Memo Media Productions, 11.11.1999 in Hannover.
[15] Horndasch/Fürst, Ich war Deutscher, S. 28.
[16] Kugler, Scherwitz, S. 182, 315.
[17] Gespräch Helmut Fürst mit Anita Kugler, 06.03.1998 in Hannover, in: Kugler, Scherwitz, S. 183.
[18] Helmut Fürst, Interview Memo Media Productions, 11.11.1999 in Hannover.
[19] Helmut Fürst, Interview Memo Media Productions, 1994 in Hannover.
[20] Angrick/Klein, Die »Endlösung« in Riga, S. 344.
[21] Kugler, Scherwitz, S. 336f., 439.
[22] Ebenda, S. 439–451.
[23] Helmut Fürst, Interview Memo Media Productions, 11.11.1999 in Hannover.
[24] Ebenda.
[25] Bearbeitetes Zitat aus zwei Interviews mit Helmut Fürst: Interview mit Prof. Herbert Obenaus und Dr. Anke Quast, 10.08.1995 in Hannover (Gedenkstätte Ahlem); Interview Memo Media Productions, 11.11.1999 in Hannover.

Helmut Fürst – Zurück in Hannover

[1] Zu den Themen Kriegsende und britische Besatzung Hannovers, soweit nicht anders angegeben: Grabe/Hollmann/Mlynek, Wege aus dem Chaos; Mlynek/Röhrbein, Stadtlexikon Hannover; Tasch, Hannover.
[2] Horndasch/Fürst, Ich war Deutscher, S. 41ff.
[3] http://www.myheritage.de/U.S.State Department, Foreign Service List, January 1, 1950 (abgerufen am 04.09.2016).
[4] Schreiben Margarete (Magie) Furst an Michael Fürst, 22.09.2016; Mauss, Nicht zugelassen, S. 167; http://www.ancestry.de, US-Kriegsveteranenministerium, BIRLS-Todesregister (System zur Suche von Bezugsberechtigten nach dem Versterben von Veteranen), 1850–2010 (abgerufen am 23.08.2016).
[5] Vgl. Quast, Nach der Befreiung, S.64–66; Mlynek/Röhrbein, Stadtlexikon Hannover, S. 656.

[6] Vgl. Schulze, Artikel »Hannover«, S. 787.
[7] Interview Helmut Fürst mit Prof. Herbert Obenaus und Dr. Anke Quast, 09.08.1995 (Gedenkstätte Ahlem), gekürzt.
[8] NLA Standort Hannover, Hann. 210, Acc. 2004/024, Nr. 235, Bl. 44, Schreiben Helmut Fürst an Oberfinanzpräsidenten, 05.04.1946.
[9] Umfassend zur Rückerstattung Grundstück Grupenstr. 19, siehe: Fleiter, Stadtverwaltung, S. 183f.
[10] Weise, Nach dem Raub, S.47f., S.279f., 285f.
[11] NLA Standort Hannover, Nds. 720 Hannover, Acc. 2009/126, Nr. 00890, Bl. 4.
[12] NLA Standort Hannover, Nds. 720 Hannover, Acc. 2009/126, Nr. 01381, Bl. 10f.
[13] NLA Standort Hannover, Nds. 720 Hannover, Acc. 2009/126, Nr. 00890, Bl. 13.
[14] Umfassend zu Versteigerungen des jüdischen Eigentums in Hannover: Buchholz, Judenhäuser; Fleiter, Stadtverwaltung.
[15] NLA Standort Hannover, Nds. 720 Hannover, Acc. 2009/126, Nr. 05340, Bl. 11.
[16] NLA Standort Hannover, Nds. 720 Hannover, Acc. 2009/126, Nr. 05340, Bl. 12, Oberfinanzdirektion Hannover an die Wiedergutmachungskammer, 17.07.1954.
[17] Fleiter, Stadtverwaltung, S. 161.
[18] NLA Standort Hannover, Nds. 720 Hannover, Acc. 2009/126, Nr. 08108, Bl. 131, Schreiben RA Fey an Landgericht Hannover, 29.04.1963.
[19] NLA Standort Hannover, Nds. 720 Hannover, Acc. 2008/003, Nr. 370, Bl. 11f., Aussage Karl N. vor dem Oberlandesgericht Celle, 14.07.1964.
[20] Umfassend zu Familie Nelke und Klimt: http://thomas-gaevert.de, Überleben unter dem Hakenkreuz. Die Geschichte der Familie Klimt, SWR2 Tandem – Manuskriptdienst (abgerufen am 08.08.2016).
[21] Interview Helmut Fürst mit Prof. Herbert Obenaus und Dr. Anke Quast, 09.08.1995 (Gedenkstätte Ahlem).
[22] Horndasch/Fürst, Ich war Deutscher, S. 43.
[23] Bremer wurde 1948 zu zehn Jahren Zuchthaus verurteilt. Er wurde im Februar 1953 mit fünf Jahren Bewährung aus der Haft entlassen. Nonne wurde 1952 zu einer Gesamtstrafe von sieben Jahren Gefängnis verurteilt und im August 1954 aus der Haft, mit vier Jahren Bewährung, entlassen; Buchholz, Judenhäuser, S. 171–175.
[24] Helmut Fürst, Interview Memo Media Productions, 11.11.1999 in Hannover.
[25] Ebenda.
[26] Interview Helmut Fürst mit Prof. Herbert Obenaus und Dr. Anke Quast, 09.08.1995 (Gedenkstätte Ahlem).
[27] Interview Michael Fürst mit Karljosef Kreter, 2016; Quast, Nach der Befreiung, S. 373.
[28] Auszug eines Vortrags von Michael Fürst anlässlich der Tagung »Jüdische Soldaten in deutschen Armeen – Rückblick und aktuelle Situation«, abgedruckt in: Der Schild 2, 2008.
[29] Interview Helmut Fürst mit Prof. Herbert Obenaus und Dr. Anke Quast, 09.08.1995 (Gedenkstätte Ahlem).
[30] Helmut Fürst, Interview Memo Media Productions, 09.10.1994 in Hannover.

Abbildungsnachweis

Abbildungsnachweis

Alle hier nicht aufgeführten Fotos und Dokumente stammen aus dem Privatbesitz der Familie Fürst

Bundesarchiv Berlin
S. 88: Lageransicht | Bild 101III-Duerr-056-09A/CC-BY-SA 3.0
S. 89: Häftlingsappell | Bild 101III-Duerr-053-34 / CC-BY-SA 3.0
S. 90: Häftlingsarbeit | Bild 101III-Duerr-053-21A/CC-BY-SA 3.0

Niedersächsisches Landesarchiv Standort Hannover
S. 32: Gestapo Hildesheim an OFP | Hann. 210, Acc. 2004/025, Nr. 2203, Bl. 75
S. 80: Meyer an Devisenstelle | Hann. 210, Acc. 2004/025, Nr. 483, Bl. 74
S. 82: RVJD an Helmut Fürst | Hann. 210, Acc. 2004/025, Nr. 484, Bl. 84
S. 83: Devisenstelle an Helmut Fürst| Hann. 210, Acc. 2004/025, Nr. 484, Bl. 102
S. 83: RVJD an Max Fürst | Hann. 210, Acc. 2004/025, Nr. 484, Bl. 55
S. 105: Heinz Fürst an Zentralamt | Nds. 720 Hannover, Acc. 2009/126, Nr. 00241 o.P.
S. 106: OFP an Wiedergutmachungsamt | Nds. 720 Hannover, Acc. 2009/126, Nr. 05340, Bl. 10

Staatsarchiv Hamburg
S. 87: Ghettozaun | Best. 213-12, Staatsanwaltschaft – Nationalsozialistische Gewaltverbrechen Nr. 0044 Band 034

Hauptstaatsarchiv Marburg
S. 45: Antrag auf Wiedereinbürgerung | Best. 180 Frankenberg, Nr. 1189

Landesarchiv Thüringen – Hauptstaatsarchiv Weimar
S. 30: »Geldkarte« Hermann Fürst

Historisches Museum Hannover
S. 74: Synagoge
S. 78: Brennende Synagoge | HAZ-Hauschild-Archiv
S. 81: Predigthalle
S. 99: Vor dem Hauptbahnhof + Blick von der Rathauskuppel | HAZ-Hauschild-Archiv

Stadtarchiv Blomberg
S. 47: Briefkopf | Bestand Neues Archiv III/I g 16
S. 47: Marktplatz von Blomberg | Bildersammlung
S. 48: Annonce | Blomberger Anzeiger, Jg. 1912, Nr. 138

Stadtarchiv Menden
S. 49: Annonce »Wiedereröffnung« | Mendener Zeitung, 30.03.1933
S. 50: Annonce »Schuhhaus Keiser« | Mendener Zeitung, 08.04.1933

Stadtarchiv Mönchengladbach
S. 39: Isidor Fürst | 10/40740
S. 42: Mönchengladbach Bismarckstraße 73 | 10/54150
S. 43: Zeitungsartikel | Rheinische Post, 05.12.1955

Stadtarchiv Schöningen
S. 75: Artikel »Juden in Schöningen« + Annonce »Geschäftsübernahme« | Schöninger Zeitung, 17.07. und 04.09.1935

Hannoversche Allgemeine Zeitung
S. 120: Überlebende von Riga | Surrey

Archiv Deister- und Weserzeitung Hameln
S. 55: Boykottaufruf
S. 56: Artikel »Schöffengericht«

Archiv Gedenkstätte Ahlem
S. 23: Postkarte Alfeld

Archiv Verlag Gebrüder Gerstenberg Hildesheim
S. 22: Werbeannonce

Privatbesitz Elisabeth Brinkmann geb. Klimt
S. 109: Schwestern Klimt + Henny und Adolf Klimt

Sammlung Gelderblom Hameln
S. 56: Klassenfoto

Andreas-Andrew Bornemann – www.postkarten-archiv.de
S. 71: Postkarte Grupenstraße

United States Holocaust Memorial Museum, Washington D.C. (USHMM)
S. 29: Appell in Buchenwald
Die in dieser Publikation wiedergegebenen Meinungen und der Verwendungszusammenhang der Fotografien stimmen nicht notwendig mit den Ansichten des USHMM überein. Beides unterlag nicht der Genehmigung oder Billigung durch das USHMM.

Quellen und Literatur

Quellen und Literatur

Archive
Niedersächsisches Landesarchiv Standort Hannover

Niedersächsisches Landesarchiv Standort Wolfenbüttel

Bayerisches Hauptstaatsarchiv Kriegsarchiv (Kriegsstammrollen)

Hessisches Staatsarchiv Marburg

International Tracing Service (ITS) Bad Arolsen

Stadtarchiv Blomberg

Stadtarchiv Frankenberg

Stadtarchiv Fulda

Stadtarchiv Hameln

Stadtarchiv Hannover

Stadt Hannover, Fachbereich Recht und Ordnung, Bürgeramt Mitte

Historisches Museum Hannover

Stadtarchiv Herford

Stadtarchiv Hildesheim

Stadtarchiv Menden

Stadtarchiv Mönchengladbach

Stadtarchiv Wiesbaden

Archiv Gedenkstätte Ahlem

United States Holocaust Memorial Museum, Washington D.C. (USHMM)

Internet

Alemannia Judaica – Arbeitsgemeinschaft zur Erforschung der Geschichte der Juden im süddeutschen und angrenzenden Raum | URL: http://www.alemannia.judaica.de

Ancestry.de | URL: http://www.ancestry.de.

Database of Victims – Holocaust Cz | URL: http://www.holocaust.cz

Gedenkbuch – Opfer der Verfolgung der Juden unter der nationalsozialistischen Gewaltherrschaft in Deutschland 1933–1945, bearb. und hg. vom Bundesarchiv (Onlineversion) | URL: http://www.bundesarchiv.de/gedenkbuch

SA Jewish Rootsbank | URL: http://jewishroots.uct.ac.za

Kultur-Historischer Verein Borbeck e.V. | URL: http://www.khv-borbeck.de/stolpersteine/artikel.html

Myheritage.de | URL: http://myheritage.de

Thomas Graevert.de | URL: http://www.thomas-gaevert.de/index.php/hoerfunk/feature-dokumentationen/171

Wikipedia – Die freie Enzyklopädie | URL: http://www.wikipedia.org

Yad Vashem – The Central Database of Shoah Victims' Names | URL: http://www.yadvashem.org

Interviews

Helmut Fürst | Interview Memo Media Productions, 1994 und 11.11.1999 in Hannover

Helmut Fürst | Interview Prof. Herbert Obenaus und Dr. Anke Quast, 09.08.1995 in Hannover

Michael Fürst | Interview Karljosef Kreter, 2016 in Hannover

Literatur

Angrick, Andrej/Klein, Peter, Die »Endlösung« in Riga. Ausbeutung und Vernichtung 1941–1944, Darmstadt, Sonderausgabe 2010.

Aufgebauer, Peter/Avraham, Tamar, Artikel »Hildesheim«, in: Obenaus, Herbert (Hg.), Historisches Handbuch der jüdischen Gemeinden in Niedersachsen und Bremen, Band II, Göttingen 2005, S. 835–870.

Benz, Wolfgang/Distel, Barbara (Hg.), Der Ort des Terrors. Geschichte der nationalsozialistischen Konzentrationslager, Band 9, München 2009.

Berlit-Jackstien, Julia/Kreter, Karljosef (Hg.), Abgeschoben in den Tod. Die Deportation von 1001 jüdischen Hannoveranerinnen und Hannoveranern am 15. Dezember 1941 nach Riga, Hannover 2011.

Bieber, E. León, Jüdisches Leben in Bolivien. Die Einwanderungswelle 1938–1940, Berlin 2012.

Biercamp, Kathleen, »ein Bild großstädtischen Lebens«, Gesicht und Alltag einer Stadt vor dem Ersten Weltkrieg, S. 26–53, in: Heimatfront Hannover, Kriegsalltag 1914–1918, Schriften des Historischen Museums, 44, Hannover 2014.

Brade, Christine und Lutz/Heckmanns, Jutta und Jürgen (Hg.), Juden in Herford. 700 Jahre jüdische Geschichte und Kultur in Herford, Bielefeld 1990.

Buchholz, Marlis, Die hannoverschen Judenhäuser. Zur Situation der Juden in der Zeit der Ghettoisierung und Verfolgung 1941 bis 1945, Hildesheim 1987.

Creydt, Detlef, Zwangsarbeit für Industrie und Rüstung im Hils 1943–1945, Band 4, Holzminden 2001.

Dietzler, Anke, Bücherverbrennung in Hannover am 10. Mai 1933, in: Hannoversche Geschichtsblätter, Bd. 37, Hannover 1983.

Erckens, Günter, Juden in Mönchengladbach, Band 1 und 2, Mönchengladbach, 1988.

Fleiter, Rüdiger, Stadtverwaltung im Dritten Reich. Verfolgungspolitik auf kommunaler Ebene am Beispiel Hannover, Hannover 2007.

Füllberg-Stolberg, Claus, Jüdische Emigration nach Südafrika, o. D., unveröffentlichtes Manuskript.

Fürst, Michael, Juden in deutschen Armeen – Teil meiner Familiengeschichte, in: Der Schild 2. 2008.

Gelderblom, Bernhard, Sie waren Bürger der Stadt. Die Geschichte der jüdischen Einwohner Hamelns im Dritten Reich. Ein Gedenkbuch, Hameln 1997.

Gelderblom, Bernhard, Die Juden von Hameln. Von ihren Anfängen im 13. Jahrhundert bis zu ihrer Vernichtung durch das NS-Regime, Holzminden 2011.

Gottwaldt, Alfred/Schulle, Diana, Die »Judendeportationen« aus dem Deutschen Reich 1941–1945. Eine kommentierte Chronologie, Wiesbaden 2005.

Grabe, Thomas/Hollmann, Reimar/Mlynek, Klaus, Wege aus dem Chaos. Hannover 1945–1949, Hamburg 1985.

Gutman, Israel (Hg.), Enzyklopädie des Holocaust, 3 Bände. München, Zürich 1998.

Hecker, Horst, Jüdisches Leben in Frankenberg. Geschichte der Gemeinde und ihrer Familien, Frankenberg (Eder) 2011.

Hepp, Michael (Hg.). Die Ausbürgerung deutscher Staatsangehöriger 1933–45 nach den im Reichsregister veröffentlichten Listen, Bd. 1–3, München 1988.

Hirschfeld, Gerhard/Krumeich, Gerd/Renz, Irina, Enzyklopädie Erster Weltkrieg, Paderborn, München, Wien, Zürich 2003.

Horn, Paul, Zur Geschichte der Juden in Fulda, im Selbstverlag 1969.

Horndasch, Matthias/Fürst, Helmut, Ich war Deutscher wie jeder andere! Matthias Horndasch im Gespräch mit dem Zeitzeugen und Holocaustüberlebenden Helmut Fürst, Hannover 2008.

Institut Theresienstädter Initiative (Hg.), Theresienstädter Gedenkbuch. Die Opfer der Judentransporte aus Deutschland nach Theresienstadt 1942–1945, Prag 2000.

Jäckel, Eberhard/Longerich, Peter/Schoeps, Julius H. (Hg.), Enzyklopädie des Holocaust. Die Verfolgung und Ermordung der europäischen Juden, Berlin 1993.

Jäger, Burkhard, Nationalsozialismus in Schöningen im Nationalsozialismus [sic], Spuren, Ereignisse, Prozesse, Schöningen 2006.

Kratochwill-Gertich, Nancy/Naujoks, Antje C., Artikel »Alfeld«, in: Obenaus, Herbert (Hg.), Historisches Handbuch der jüdischen Gemeinden in Niedersachsen und Bremen, Band I, Göttingen 2005, S. 108–114.

Kugler, Anita, Scherwitz. Der jüdische SS-Offizier, Köln 2004.

Longerich, Peter, Wannseekonferenz. Der Weg zur »Endlösung«, München 2016.

Mauss, Susanne, Nicht zugelassen. Die jüdischen Rechtsanwälte im Oberlandesgerichtsbezirk Düsseldorf 1933–1945, Essen 2013.

Mlynek, Klaus/Röhrbein, Waldemar (Hg.), Stadtlexikon Hannover. Von den Anfängen bis zur Gegenwart, Hannover 2009.

Post, Bernhard/Kirchen, Ulrich, Juden in Wiesbaden von der Jahrhundertwende bis zur »Reichskristallnacht«. Ausstellungskatalog des Hessischen Hauptstaatsarchivs, Wiesbaden 1988.

Quast, Anke, Nach der Befreiung. Jüdische Gemeinden in Niedersachsen seit 1945 – das Beispiel Hannover. Veröffentlichungen des Arbeitskreises Geschichte des Landes Niedersachsen (nach 1945), Band 17, Göttingen 2001.

Renner, Gerhard/Schulz, Joachim/Zibuschka, Rudolf (Hg.): »…werden in Kürze anderweitig untergebracht…«. Das Schicksal der Fuldaer Juden im Nationalsozialismus, Fulda 1990.

Rose, Franz, Die jüdische Synagogengemeinde Menden 1900–1942, Menden 1991.

Rose, Karl, Geschichte der Schöninger Juden, Schöningen 1966.

Rosenthal, Jacob, »Die Ehre des jüdischen Soldaten«. Die Judenzählung im Ersten Weltkrieg und ihre Folgen. Frankfurt/New York 2007.

Sassenberg, Marina (Hg.), »Zeitenbruch« 1933–1945, Essen 1999.

Schmid, Hans-Dieter, Hildesheim in der Zeit des Nationalsozialismus. Eine Stadt zwischen Angst und Anpassung, Hildesheim 2015.

Schneider, Jörg, Die jüdische Gemeinde in Hildesheim 1871–1942, Hildesheim 2003.

Schulze, Peter, Artikel »Hannover«, in: Obenaus, Herbert (Hg.), Historisches Handbuch der jüdischen Gemeinden in Niedersachsen und Bremen, Band I, Göttingen 2005, S. 726–796.

Silver, Daniel B., Überleben in der Hölle. Das Berliner Jüdische Krankenhaus im »Dritten Reich«, Berlin 2006.

Stachelbeck, Christian, Deutschlands Heer und Marine im Ersten Weltkrieg, München 2013.

Freifrau von Stillfried, Janet, Ein blinder Fleck. Zwangsarbeit bei der ÜSTRA 1938 bis 1945, Hannover 2012.

Tasch, Dieter, Hannover zwischen Null und Neubeginn, Hannover 2002.

Ullrich, Anna, »Nun sind wir gezeichnet« – Jüdische Soldaten und die »Judenzählung« im Ersten Weltkrieg, in: Heikaus, Ulrike/Julia B. Köhne (Hg.), Krieg! Juden zwischen den Fronten 1914–1918, München 2014, S. 215–238.

Vereinigung der Verfolgten des Naziregimes – Bund der Antifaschisten, Kreisvereinigung Hildesheim (Hg.), Zum 50. Jahrestag der »Reichskristallnacht«: Verfolgung und Vertreibung der Juden in Alfeld, Hildesheim 1989.

Weihmann, Susanne, Jüdisches Leben im Helmstedter Land. Eine Spurensuche in Calvörde, Helmstedt und Schöningen. Beiträge zur Geschichte des Landkreises und der ehemaligen Universität Helmstedt, Heft 17, Helmstedt 2006.

Weise, Anton, Nach dem Raub. Die Vermögensverwertungsstelle beim Oberfinanzpräsidenten Hannover (1941–1950), Göttingen 2017.

Zimmermann, Helmut, Hurra, wir leben noch! Hannover nach 1945, Gudensberg-Gleichen 2001.

Impressum

Der Regionspräsident

Herausgeberin: Stefanie Burmeister, Region Hannover

Autorin: Renate Riebe

Redaktion: Dr. Marlis Buchholz

Layout: Region Hannover, Team Medienservice, Antonia Gerstmann

Druck: Region Hannover, Team Medienservice